OLER A LOCO

ÁNGEL ANTONIO HERRERA

OLER A LOCO

(Antología)

Prólogo de Marcos-Ricardo Barnatán

RENACIMIENTO

© Ángel Antonio Herrera
© Prólogo: Marcos Ricardo Barnatán
© Fotografía del autor: Jeosm
© 2026. Editorial Renacimiento

www.editorialrenacimiento.com
BUGANVILLA, I • 41907 VALENCINA DE LA CONCEPCIÓN (SEVILLA)
tel.: (+34) 955998232 • editorial@editorialrenacimiento.com

Diseño de cubierta: Marie-Christine del Castillo

DEPÓSITO LEGAL: SE 413-2026 • ISBN: 978-84-19877-75-8
Impreso en España • Printed in Spain

DE LA NOCHE Y SUS ARMAS

N UNCA desaprovechaba Borges una buena oportunidad para vanagloriarse de haber sido el editor del primer cuento fantástico de un joven escritor argentino llamado Julio Cortázar. Salvando las debidas distancias, yo debo confesar que nunca he omitido mi orgullo de ser el editor de *El demonio de la analogía*, el primer libro del entonces jovencísimo poeta Ángel Antonio Herrera, allá en 1984. Descubrir a un nuevo poeta con un libro bellísimo fue para mí una experiencia única, comparable a cuando leí por primera vez *Dibujo de la muerte* de Guillermo Carnero, sólo que este era un inédito, y en el caso de Herrera mía era la muy grata responsabilidad de editarlo.

Ese fue el comienzo, el primer round de una ya larga relación de amistad y admiración por un poeta que desde un principio se destacó como una de las voces más importantes de su generación.

Ya estaba en ese libro germinal la fulgurante luminosidad de un lenguaje preciso y culto, heredero de la mejor tradición de los poetas de la generación del 70, que revelaba un espíritu educado en una sensibilidad cosmopolita, abierta a la modernidad y sin los consabidos lastres que distorsionaban los jóvenes discursos de algunos de sus contemporáneos, infectados por el simplismo y la obviedad.

Los años nos han ido demostrando que no se trataba de un fenómeno aislado, sino que aquél libro abría una obra continuada en la que profundizaba su aliento y abarcaba toda la singularidad de un mundo propio. Así lo atestiguó *En palacios de la culpa*, su segunda entrega, que se abría con un reveladora cita de Baudelaire: «Cumplid vuestros destinos, almas desordenadas, y huid al infinito que en vosotras lleváis».

El poema de Ángel Antonio Herrera es un artefacto literario que siempre se desborda, al ir siempre más allá liberando la palabra y dándole inesperadas apariciones que sorprenden a su lector y lo envuelven en una atmósfera densa y alucinada. Así acontece en el largo e indómito poema de «El piano del pirómano», una de sus grandes aportaciones a la poesía moderna, en la que la simbiosis del poeta y el siempre asombroso prosista alcanza una vigorosa e incendiaria potencia.

En todos sus libros hay una curiosa superación de ataduras, una voluntad de ruptura y acercamiento que hacen de cada uno de ellos espacios de batalla verbal, atrevidos combates de un creador que se propone cada vez un nuevo desafío. Así, Ángel Antonio Herrera puede ufanarse de triunfo tras triunfo en sucesivas y autoimpuestas situaciones conflictivas.

La palabra poética cumple con su viejo destino de volver al mito originario y desde esa enunciación casi sagrada recupera la majestuosidad en la que fue creada y que el uso y abuso de los hombres vulgares le habían quitado.

En el volumen titulado *Los espejos nocturnos*, ilustrado por el pintor José Manuel Ciria, reúne toda su obra poética publicada desde 1984 al 2014. Un libro al que se hubiera podido llamar *Salto de siglo* ya que en él confluyen tres libros escritos en las postrimerías del siglo xx y otros tres publicados ya en este inquietante siglo xxi. Tras los dos primeros ya citados, cierra el siglo pasado *Te debo el olvido*, unos poemas del amor y el desamor, de noches ganadas o perdidas, del recuerdo y de las heridas que el dolor tatúa en los cuerpos amantes y deja sus

9

inconsolables cicatrices. Es este una colección de versos de tono y factura unitarios en el que, con palabra precisa y mirada retrospectiva, Herrera se interroga con lucidez sobre el desamparo y la muerte. La pérdida de la amada es contemplada con amargo desconsuelo. No hay clemencia en la memoria, ni tampoco el poeta la reclama, porque sabe, como Borges, «que no existe el olvido». Alta poesía de la pérdida, constata la fragilidad de la felicidad proporcional a la fragilidad de la vida, canta también la dicha que fue y la que algún día podrá reencontrar en la esquiva noche, y sueña despierto un horizonte que se perfila entre las tinieblas de su exilio. Estamos, aquí, ante la paradójica gloria de amar mientras sabemos que la amada es ya una «leve criatura hecha de un poco de memoria y de olvido». Estamos ante la posesión sólo del sueño.

La contrapartida de ese poemario es *Donde las diablas bailan boleros*, exaltación de la belleza y de la sensualidad que evocan un paraíso caribeño en ruinas, usando palabras de Juan José Arreola, de apasionadas músicas y selváticas mujeres. Poemas que nos recuerdan un poco la festiva prosa de nuestro tan querido Guillermo Cabrera Infante evocando una Habana que existió y que sobrevive en sus grandes novelas.

No pretendo glosar todos estos bellos libros, tan sólo invitar al lector exigente de poesía a incorporar a sus preferencias a este importante autor que quizá conozcan más por su intensa labor de articulista, prorrogando el linaje lírico de Francisco Umbral, del que no ocultó nunca su devoción.

Aquí está el poeta verdadero, el que «muele las metáforas», el que vence la impenetrable soledad para entregarse a la rebelión del lenguaje, a una «imaginación de imanes». Aquí está Ángel Antonio Herrera concentrado en una nueva antología que nos ayudará a descubrir su verdadero rostro, el que queremos ver o el que él quiere que por fin veamos. Estoy seguro de que estamos ante una forma placentera de revivir con él el milagro de la gran poesía.

MARCOS-RICARDO BARNATÁN
Santander, septiembre de 2025

«Importa oler a loco postulando
qué cálida es la nieve, qué fugaz la tortuga,
el cómo qué sencillo, qué fulminante el cuándo».

César Vallejo

EL PIANO DEL PIRÓMANO
(2012-2014)

I

Aún no sé qué hondo lobo le impide a la dicha divulgar sus gladiolos,
qué luto de atadura no nos deja el edén de morirnos durante cada siesta,
qué último carbón se emociona si pulso la pureza de la mácula de aquel septiembre cuando se acabó una madre que fue la mía.

No sé todavía qué alacrán de secuela arde en la blancura donde los placeres desguazan el sábado.
Qué premio de astro pretende hasta dormirse el miedo que me divide por dentro,
qué sitio de espada, qué cárcel de río hasta soltarme del puño de penumbra que por corazón llevo.

Aún no sé qué violín de aguas agrias nos envenena el consuelo.

II

Eɴ el momento de embocar este primer verso, un solitario sin lucha ya, ni consuelo, se habrá enamorado de otra muchacha que ajenamente pasa, la muerte mirará el minutero bajo una última palmera, las ojeras habrán ganado una vikinga.

Mientras yo elijo la esdrújula con que alhajar el siguiente desvarío, una nueva tragedia habrá matado la misma esmeralda en diversas familias, la deshora inventará el indulto entre piratas, la matemática se habrá apuntado a la orgía.

En lo que dura el recodo de la recitación de un deseo, la noche habrá visitado una república de tímpanos, el pánico habrá ocupado la autoridad de varias proas, la tormenta habrá vuelto entera al desánimo de los que cuidan quizá en vano el andamio de los antídotos del estrago.

Probablemente, mientras tú apuras este poema, una vida se habrá declarado desierta, una tarde habrá debutado como lecho de lesbianas, un consulado de octubres habrá inaugurado la tentación de la tristeza.

III

He aquí el piano que le pongo a mi pirómano.

A divulgar un ebrio linaje he venido, a inventar una elocuencia que regresa del vértigo, un ácido que diga la armonía, un soliloquio donde al fin se alivie el animal disperso de mi longeva herida.

Estamos en el resplandor izquierdo de mi dolencia, donde llamo cónclave a la arritmia de los recuerdos y auxilio a la habladuría del diablo bajo la dominación de las blancuras y el dictamen de los metales.

He venido a fundar una métrica del tigre, un cuaderno de añadidura cuya lira arañe en lo ahondado, un parlamento de mágicas lámparas donde pueda verse que hay en el tambor del alba un daño dormido, donde se rubrique como un grito que forman una lúcida unidad los mapas discrepantes, que la verdad viene usando las semejanzas para atar a un trueno sus trofeos.

Voy a creer que aún le queda cancionero a mi errancia, voy a promover entre los mansos un díscolo vino.
Entre los pacientes y los pacíficos, y entre los que miran de lejos al sur de la suerte y aman desde siempre un astro negro, entre todos éstos, y también entre sus hermanos probablemente agónicos, voy a extender que prueba en mi partitura la locura todavía, que se tramita otra geometría en el exceso, que si celebro un crepúsculo no abrevio un banquete.

Sé que ya se le apagó a mi vida la mitad de agosto, sé que ya se le apagó la mejor mitad de agosto, sé que ya se le apagó la mejor mitad del riesgo de agosto, pero aún le adivino el soplo al paraíso, y guardo una dinamita de trópico donde duermen a mi antojo los placeres con su audacia.

Pretendo frecuentar un calendario semejante a aquel de cuando la llama nos miraba como un sacramento, y le decíamos pan al pan de la lujuria, y salía luna de prófugos si pronunciábamos luna, y nadábamos relámpago a cualquier hora con mujeres de no venial caoba, con febriles mujeres venenosas cuyo amor traía imán de perdiciones, alfabeto de lejanía para explicar el último anís del extravío.

Estamos en la aurora izquierda de mi desorden, perpendiculares a cualquier lunes, ahí donde la vida ya ha perdido medio caballo, ahí donde ya la ternura y la estampida acuerdan apetitos de reparto y santorales de silencio.

Vengo a creer que aún puedo traducir en cuarzo de calambre lo que a diario aúlla para nadie la maravilla.

Vengo a repetir que para siempre nos hirió la belleza. Ojalá en el recuerdo vaya casi intacto un oro de su aorta, casi intacta vaya también la declamación donde se muere un bosque.
Traigo un mérito de delirio cuya música se sueña parecida a lo que arde.

IV

IGUAL que alarga el humo su homilía,
igual que la piragua se anima con ángel de navaja,
así voy yo aceptando el plan de mis peligros,
así voy yo escribiendo que el corazón lo tengo de noctur-
na alcurnia, sin cónclave ni arreglo.

Compré fiebre en los confines, aprendí a mentir entre
espejos, no cualquier novia le fui buscando a mi mejor
vértigo.

He hospedado el susto en la estrofa del funámbulo, he
discutido de lo oscuro con la potestad del diamante, po-
dría avalaros que una pantera es un amparo.

Estoy con el bendito que cayó sin herencia, porque todo
lo fue gastando en la colección de lo inútil y la furia de
lo efímero.
Alimento un animal de lámpara para acompañar al
insomne cuyo nombre es acaso púrpura de mi propio

nombre, al insomne que imagina magnolias de su demencia, al largo insomne minoritario que inventa la rosa del desgarro y almuerza la ley de la zozobra.

Con lo que de los viajes me va quedando pendiente quiero hacerle a la imaginación un testamento, que es como decir que venero la hélice del secreto y el ajuar del abandono.

Diría que ya merezco los mares de la escapatoria, la yema de violento alivio que vive en el milagro de esos mismos mares.

Diría también que ya merezco la soledad sin codicia y el azabache que sólo escuchan los feroces.

Sé que, tarde o temprano, dolerá dormir sin morirse.

Tampoco ignoro que por ahí crece ya el eco de una mañana cuyo lunes le ladrará lejanía a mi cadáver.

V

TENGO cátedra del vaho del violín cuyos reyes lo perdieron todo, pero aún aspiro a prosperar en la juglaría de lo sumergido y en la elocuencia de lo inconstante.

Sé que donde hay cerrado racimo habrá clara calavera, y que los recitadores solitarios suelen sestear vecinos al árbol genealógico de algún traficante de magnolias.

No dudo que se llega mucho más lejos si viajas con los ojos cerrados, sospecho que un oxígeno sexual se equivoca en el escalofrío.

Admiro al tímido sucesivo que no disimula, comparto a deshoras el espíritu del artesano recóndito que prepara entre penumbra la perla de prodigio para las amantes de otros.

Me propuse una hemeroteca de ayeres de lluvia, entreno una catarata de trinos para seducir a toda selva.

He llamado dolor al detalle, he alquilado una sed silenciosa a los venenos.

Nadie tendrá un retrato de mi súplica, no heredareis de mí sino una alcurnia de extravío y una cama para la novia del viento.

Hice destreza en recordarle al porvenir la promiscua primavera, mi oficio renace si le consigo un mayor acomodo al delirio. El verano me ama. Mato la negrura con metáforas. Entreno la veteranía de sorprender a la belleza entre dos riesgos.

Un día mejor, compuse caligrafía prohibida en la espalda de las sultanas, vi en la música un remo originario de los ángeles.

Un día mejor, amé en el sur, tuve padre, dije paraíso.

VI

Y la sangre que va indómita y desemboca en el caballo,
y las escarchas de tesorería que ocupan el cataclismo de
las orquestas,
y el tabaco de intuición que nos entorna el parentesco
oculto entre el puente y el propósito,
y la añadidura del sábado cuyo mejor nido lo usábamos
en el saqueo de sirenas,
y las vísperas que le preparan planes al pasado,
y la lluvia que busca proyectos con la infancia,
y la majestad de la novia de la ambición del vagabundo,
y la intimidad de la munición de la memoria del des-
ánimo,
y la imprudencia de la dicha que le discute luto a los
boleros,
y el vecindario de tiniebla que le añade belleza al incendio,
y el eco que sale a una cacería de campanas,
y el nácar que de pronto amanece nocturno,
y el champán que le pone mérito al solitario,

y el azul recitante, y la devoción dañada, y el sufriente
febrero,

y el puerto de perfume donde descorchan noche los re-
cuerdos,

y el paraíso de un momento donde se desabrochan los
salvajes,

y el vino volcánico que cuida en su pirámide a un piró-
mano,

y la academia de adioses en los sueños donde no hay
nadie.

VII

APUNTÉ mi corazón a los cumpleaños de la sombra, repartí la ternura paralela al cuchillo, vi que puede llorar de amor el proscrito si le hablas de relámpagos.

La oscuridad la conozco por dentro, cuando el daño decide sus manadas, y el miedo se gusta como un palacio desierto.
Sé respirar aquel bosque donde sólo domina lo difunto, donde nunca llega la primavera, ni tampoco sus largos búfalos, ni su promiscua epístola, ni sus sésamos sobrantes.

Discrepé con adioses, lamenté lo justo, preferí los trofeos de tormenta. Por ganar gloria vagabunda, hice mía la noche donde navegan los pianos, la noche sucesiva donde malhieren para siempre los perfumes efímeros, la cierta noche incalculable donde se bebe al asalto la bárbara belleza y la última verdad se besa con cualquiera.

Me apliqué en la mercadería del anhelo, para la orfandad guardo una flecha de antídoto, cuido como un premio la brújula de volver de donde nunca estuve.

Cada tarde, cumplo todos los siglos haciendo en la metáfora milicia minuciosa. Regalo el vaso de mi vértigo, pongo nombre de mis propósitos a las valquirias que se acuestan con el huracán de otros.
De lejos, me vienen sobrando evidencias de que conspira para la melancolía el domingo.

VIII

No de ayer mismo sé que el sábado es un parentesco del caballo, y que si miras despacio una fiera también estás viendo la víspera de un epitafio.

He viajado donde los cabales malgastan su baraja.
Ahí he propiciado mi corazón de nocturna herramienta, mi corazón partidario de lo que nunca se espanta, de cuanto derrocha vitola de estrellas y tiene filo de agravante.
No otro modo tengo de seguir llamando barbarie a la costumbre, porque sé que no es nada una vida para el volcán del miedo, porque el miedo mismo pudiera ser a menudo una vida, porque busco abarcar los desperfectos de la fantasía en mi credo de culpable.

He llegado donde han perdido prédica los predecibles, ahí donde se aprecia de cerca el enigma del incendio y la ebriedad consiste en una versión de la minucia.

De algún modo insalvable, toda sorpresa es un error del regreso, un descuido del desastre que pasa, otro lucro donde nada discute al desierto.

No de ayer mismo está en mi corazón un oro de quemante testamento.
Arrastro un solfeo de tristes fórmulas, una emotiva mitad de rara partitura que a veces suena con lejanías del sentir de otro que no seguramente he sido.

Habla en mí la desembocadura a tientas del secreto, el piano que hace la auscultación de la espesura, el vino de selva donde quiso anidarse todo lo olvidado desde el eco de la palabra féretro.

Digamos que hubo en lo íntimo del pálpito una antigua geometría ajena, digamos que hay en el silencio un ala del alarido, digamos incluso que el mar sí tiene lástima, y que el instinto maneja nociones de leopardo.

No de ayer mismo sé que el sábado es un parentesco esquivo del caballo, y que si miras una ruina estás ante el porvenir de tu propio evangelio.

No de ayer mismo sé que se oculta un garaje de ángeles
en la música, que la verdad es otra dalia del disimulo,
que un palacio dice en pie una catástrofe.

Tampoco de ayer cultivo inclemencia, voy al albedrío,
navego la airada voluntad de la belleza.

IX

CREO en el futuro de la antigüedad del hombre solo, del hombre aquel de fija bohemia que aún reverencia la vanidad del fuego y la opinión de la negrura.

No estoy con la suerte que evita la selva, ni entiendo que sea vida la vida sin un desván salvaje. Amo la noche de escultura parecida al relámpago, voy al susto como a una fiesta.

Sigo ensayando una santidad de incendio para volver a las andadas, un desperfecto de ternura para mejorar el recuerdo siguiente.

Soy hermano de un invierno herido, mi deshora pone dialectos de puma al oído de las rameras, lleva mi corazón la iglesia del oleaje donde siempre está llorando la oceanía del huérfano.

He mirado de frente la majestad de lo perdido, pero a espaldas del paraíso aprendí que más que el amor dura olvidarlo.

Ciertamente está la vida en tantas vidas que me pierdo, pero ya he cumplido diversos modos de moribundo, y tengo completa culpa de mis mapas.

Creo en los lunes del egoísmo y en las lujurias del aislado. Todavía mi recreo incluye el claro convencimiento de un caníbal.
Creo en la rotación de la angustia y en la bondad de los quirófanos.
Veo verdad en todo lo soñado por cada sirena donde amanezco, encuentro que escribir tiene imaginación de imanes, abro un bosque en el porvenir que me ha olvidado.

Igual me da salir o no salir en una antología de viajeros versados en el plenilunio del peligro, porque en mí siempre fue noche, porque no daré remedio a mi leopardo.

He practicado un credo del descuido, lo mío es traer recado del despiste.

He practicado la pedrería del que sólo roba de su abismal mercurio,
he cuidado la quintaesencia del que se ahínca en quedarse quieto,
he manejado la marihuana del hábito de ver mejor donde más se acaudala lo oscuro.
No pocas veces he practicado el suicidio en la mirada de alguna levitante muchacha transeúnte.

Creo en los dones del mendigo y en la sanación de la sospecha.
Saludo la bendita sangre fraterna de quien regala rimas de amor en los burdeles, del que suplica socorro a la sinrazón del corsario y encuentra oro de tugurio en la intimidad del tintero.

No espero ya nada de la sutura del verano, ni tampoco nada de la alegría que no viene del ahogo.
Nada del amén de humo con que escolta la mansedumbre a la promesa.

X

En un cabaré casi soñado, en la ciudad de La Habana, comprendí que las muchachas perdidas hablan la misma menta de mi idioma.

En una bodega de doce días, aprendí la nomenclatura del pirata y los antecedentes del abatimiento.

En la almena del hotel de un nuevo verano, comprobé que toda noche tiene fiebre de otro faro, y que el mar nos mira desde el que fuimos.

En una buharda de mi mejor almanaque, en un Madrid de navegaciones, con nocturno timón de catacumba, conocí a todas las mujeres de temperamento levitante y ojos embrujados.

En un barco del contrabando de agrados, escondí toda mi botánica, di bóveda a mi tristeza, me volví durmiente del secreto desconsuelo.

En otro barco de parecida barahúnda, de regreso ya de varios fríos, comprendí que quien viaja es siempre otro, igual que es otro el que del amor vuelve.

En la segunda absenta del júbilo, me dio por pensar que quien tiene una obstinación no tiene una pértiga, y sí una jaula.

En un descuido de la radiante adolescencia supe que no iba a caberme en ningún remedio el apogeo de la agonía inagotable de cualquier domingo.

CLARO que era abierto martes de casi anteayer mismo,
cuando aún pasaba la vida propensa al tigre,
cuando al agua delgada de ninguna urgencia íbamos
dando otro rodeo por los dones del riesgo.
Hablo de la violenta dicha, y su comitiva salvaje. Hablo
del azahar donde se ahorcaba el tiempo.
Hablo del trineo de altamares donde viajábamos vendi-
miando el firmamento,
cuando ni la sospecha estaba de que cada ilusión equi-
valía a una esquela,
y no había aún en el sentir otro remiendo que no fuera
del último relámpago.

Martes digo, pero también digo agosto, o digo acaso in-
fancia.
Cuando no tenía matemática el asalto, y sí claro horós-
copo,
cuando todo botín no lo era todavía del olvido.

XII

SÉ que lo mejor duerme en desvanes, hablo a la lluvia de las cosas incontables que no saben que no existen.

Me consta que el sábado es un apócope de la aventura, igual que el domingo es un domicilio de los muertos. Confío en el exceso, confío en el exceso que me dicta todo lo que amo todavía. Por su culpa aún espero la resurrección de la sorpresa y el fusilamiento del frío.

Hay días en que quedo con nadie por divulgar girasoles en las lejanas cuevas.

Hay días en que veo que ocurre el primer día en que el amor va a los parques y lo blanco del pánico entra en la reliquia.

Hay días en que aún sufro un filo desalentado por no traducir diáfano el aceite de sauce que se fue a cantar al cielo.

Hay días en que no le apetezco al milagro, al mar de milagros en que consiste la barbarie de la escritura.

Sin embargo, no voy a ser yo quien niegue que existe un reglamento de vampiras a cargo de la discrepancia en los sepelios, un tribunal de lluvia que acredita los planos del recuerdo.
Tampoco seré yo quien ponga en duda que se igualan en perfecciones los ingenios del futuro y la maquinaria de la tarántula.

No le quito el mérito a la estatua, a menudo me doy oído de diablo. No en vano, es malabar de belcebú la metáfora, y yo mismo me empleo a rachas de traductor de la síntesis de los cuatro horizontes, que no son sino un préstamo de la ópera de lo concéntrico.

Sé que un cisne es un récord, sé que un grito es un sustento.

Tampoco me importa mucho si la sintaxis me comprende o no me comprende,
tampoco me importa demasiado si me acaban hallando culpable único de alimentar este manicomio de mentiras,

cuya semántica buscó encender una canoa de aullido contra la oscuridad de lo evidenciado, una dinamita de jazmines en medio de la biografía de la mansedumbre.

Me sucede la intuición del desconsuelo y la molienda de la melancolía.

Con mi largo revólver avalo al que prefiere la incógnita.

Me inspiran epístolas de vampiro las plácidas muchachas que al atardecer se perfuman para nadie.

XIII

Tres vidas, un hombre debiera llevar al menos tres volcadas vidas.

La primera es aquella donde arde la genealogía del solitario.

Alterna el almanaque del silencio y el archivo de las meditaciones.

Es de águila su vértebra, y va al águila.

Abarca todo aquello que puede verse con los ojos cerrados.

Desprecia el consultorio, ama la antorcha.

Desatiende el anhelo que no incluya el retiro, cuida hierro sólo de hondura, tiene fábrica de estrofas para atar el pálido testamento del ensimismamiento.

La segunda es la vida de la abierta navegación violenta, la vida del que rápido huyó al afecto del vértigo, y ha visto en el huracán una horma de hermano.

No se sirve del abrigo de la brújula, porque su naipe único es el riesgo. Llama emboscada al hábito, llama al naufragio campamento.
Le conciernen el equívoco, el asalto, los confines.
Lleva ocio animal su convencimiento.

La tercera vida es para la debacle de los placeres.
Mejor no usa ningún arbitrio, se premia con el fuego.
Consta en papiros sobrantes que puede cumplir de antídoto contra las apatías repetidas y los pánicos diversos.
Ha colgado en los cuerpos su singladura que no concluye.
Dice que es el esplendor la lectura del instinto, juega a vendimiar con el vicio.
Comprende una canela de caníbales, otro ralentí del volcán, el daño de los azúcares de las muchachas.
Busca un lobo en cada víspera, propone un precipicio si se da el beso.
Apura otra eternidad en cada perfume.

XIV

Elíjase éste, o da igual qué otro poema de mi empleo, porque en él se habrá transitado el éxito del trueno y la opinión de los ponientes.

Se habrá quemado en él el timón de quedarse en ensimismamiento y otro vuelo se habrá cumplido al despeñadero del amparo, donde está el cráneo del miércoles aquel en que perdí a mi padre.

Llevará calentura concreta de diamante, aunque lo pretenda manadero de la muchedumbre del humo.

Llevará vínculos de dos tentaciones aún pendientes y heráldica de la química de la antigüedad de la tristeza.

Lo quiera o no lo quiera, diga la aurora, o exalte el óxido, repetirá pastoreo de mi infancia y réquiem del olvido de algún trofeo de mañana.

Habrá practicado el provecho primitivo de los puentes y el piano de la última promesa.

Habrá logrado lo orquestal de quien se abisma en silencio, en cuya logia de magia me leo. Quizá no lo habrá logrado.

Tendrá y no tendrá el abecedario del dormido y la brujería del despierto.

XV

A probar estraperlo de tantos besos, a eso vine.

Comprobé enseguida que un agosto es la dorada duración de una vampira. Comprobé que está en el sorteo de lo imposible que algún verso pueda quizá igualar la alhaja de los ojos en la muchacha esquiva.

He resuelto un alcohol de réplica para la mensajería amarga donde el luto insiste.

He cargado con todo el desespero de los inviernos, pero cuido en el corazón un capitán sensible a la efervescencia del silencio y al carnaval de la niebla.

A prosperar violento en una escuela de azares le puse empleo,
a divulgar que también puede jactarse pasajero de lejanías aquel que huye durante un semestre a llevar vida de almena.

Mucho dudo que llegara a cambiar el atardecer por algún poemario, aunque hay poca estrofa que no encierre un cascabel de eternidad, y poco cielo quede que no se sujete en lo azul de lo escrito, con atadura de sagrada semejanza sigilosa.

Me he querido el primero en la doma de cuanto se imagina bajo la última lámpara de la melancolía, un lobo me gobierna en la boca de la audacia, sospecho que lo que van hablando los metales lo ha olvidado el agua.

Donde se concretó el desánimo, acerqué el grito de lo radiante. He leído auxilio en las negruras, he cometido el albedrío, sueño al dictado del insomnio de cualquier droga de bárbaro almíbar.

A todo esto vine, a hacer íntima milicia del límite.

Sufrí por el eufórico, ensalcé del vértigo su turquesa, caminé contrario a la mansedumbre que agota los mapas y maldice la diferencia.
Pronto descubrí que un potro es una hipótesis, y que no siempre la incertidumbre se deja una brújula tras las cortinas.

A menudo adeudo la verdad a la iluminación de la música y el alivio al brusco laberinto.

A buscarme dicha de estampida le abrí ahíncos,
a dejar recado extremo de que un día tuvo la pena síntomas de pantera.

XVI

Llevo vida de oculto y cuido obra de bárbaro.

Cruzo la inspiración de los pianos con la droga de la desdicha.
Podría ser el mío cualquier nombre de viajero, o acaso ninguno,
pero doy cántico de licencia a quienes siempre verán llover desde una misma isla y no tienen a nadie en su nostalgia.

Navego en un cerrado ático, soy ancla de la equivalencia, me aplico en los lujos del precipicio.

Escribo aquí dolor de epístolas con el tintero de la tiniebla de las intuiciones,
aquí equivoco una euforia de himnos con la febrícula cierta de la nada del domingo.

Tomo vino de brujas, me dedico al rodeo, robo del olvido.

Sé que nunca va a recoger mi cuaderno el talento del desorden, pero yo insisto en afianzar alguna estrofa donde al fin desemboque una epilepsia de plata, una blanca torcedura de estrella, algo con arpón hablante de la soberanía de los secretos que avisan en sueños.

Ojalá pudiera decir que fui el último feliz que alcanzó la calamidad de la certeza.

Aquí malgasto en íntima intemperie, cumplo medicación de camelias sin duda equívocas, me torturo con mares que no existen.

Ceno el silencio, ocupo el cielo del buzo.

XVII

No sin calentura secundo el carnaval de convidar al ocio de la inocencia en la desolación de los burdeles.

He querido para mi vida una tarea de acuerdo al tigre y un lecho a la derecha del descuido.

Creo en la desgracia de no amar en dos ciudades a un tiempo,
milito incluso en la desgracia de no poder olvidar a la mujer que en cada ciudad pudo amarnos.

Me persigue un derrotero de antorcha, miro por la rebeldía del ángel.

Creo en el pensamiento de lo venidero y en el mérito de lo escondido. En mí prospera el torbellino, sé que caben varios palacios en la misma víspera, avalo el compromiso de nunca pedir turno para espabilar una última dinamita de amor si se desmaya el verano.

Por supuesto, avivo la extranjería de prosperar de discí-
pulos de la proporción del relámpago. Comparto cafeína
con los tormentos, propongo una escuela de espejismos.

Nunca esperé demasiado fantasma de aquello que pu-
diera verse tras una puerta sin llave.
Encuentro hospitalaria la selva, azul la indolencia.

Nunca puse demasiada devoción en las dinastías de lo
diurno.
Los desvaríos me parecen el cordel primero de la mara-
villa.

Quizá demasiadas veces me embelesó la novia de la ma-
licia de agosto, que huele a donación de isla y mira desde
el rímel de parecer mentira.

Difícilmente concibo la felicidad sin lluvia.

Preparo una huida a los amores caníbales y a los parques
olvidados.

XVIII

Hay una brújula que sirve al susto.
Hay un atajo que incluye el rodeo.
Hay una puntería en el despiste.
Hay un desacato en los telescopios.
Hay una estrofa de feliz febrícula.
Hay una discrepancia en toda cueva.
Hay un fracaso de arpa en el eco.
Hay una cordura para el lunático.
Hay una conspiración de domingos.
Hay un apego a la lejana víspera.
Hay una lluvia bailando con diablas.
Hay un calendario donde me muero.
Hay una paz en premio del peligro.
Hay una extranjería de durmientes.
Hay un uso secreto del desmayo.
Hay una sed nocturna de remedios.
Hay una emoción cuya alcoba es tuya.
Hay un primer espejo sin nosotros.
Hay una última oscuridad de amantes.

XIX

Es la mía una vida adiestrada por doce desórdenes.
Tengo las lejanías del solitario, ha llegado mi mapa al
aplomo de los que padecen un último astro y no lloraron
por el adiós de ninguna sirena.

A menudo trabajo el placer del desvelo en la mitad dor-
mida del mundo.

Quiero un póquer de diásporas donde sabré usar el co-
razón cansado, busco para el recuerdo el porvenir de un
cielo que tenga piedad pura de aldea.
Me conviene una emergencia de demoras, una existencia
de blancura donde antes discutía un bosque.

Soñé la rabia, y soñé la caballería de la rabia, pero soñé
también una isla de dócil causa donde el silencio acom-
paña con la dimensión de una alarma,
y, salvo la segura muerte, a lo lejos, no se concibe mayor
noticia que el cambio de desperezo de los caprichos y la
pelea de los columpios de la música.

Creo en la crudeza inolvidable, y en el diálogo con el magisterio de esa misma crudeza.
Mi piano lo afiné en desengaños, gocé en la confusión otra brújula.

Sé de lejos que pronto llega el día en que hay que hablarse de la huida al agua descalza de lo elemental del embeleso,
y del retorno al claustro de la ebriedad del olvido,
y de la luna pacífica que nos desata del león del ansia,
y de la urgencia de la sospecha de que estará enseguida la propia tragedia detrás de todos los timbres,
y de la mudanza incluso al marfil supremo de ningún afecto.

XX

CONTRA el paradero del verdugo, tengo un verano de antídoto.

Ahora mismo estoy cruzando en bicicleta las ocho de la tarde del segundo viernes de agosto de mi adolescencia.
Me creo el dueño de un cielo donde cantan todas las cosechas del color azul. Mi vida es ancha como una promesa, mi corazón suspira como un revólver.
Sé, y no sé, que respiro eternidad acaso en el último engaño de la alegría.

Contra las prédicas de la rutina, está la bengala del descuido y la lógica de la selva.

Yo quería lograr un poema igual que bucea un príncipe, igual que desoye la educación el águila.
Todavía voy a la espera de saber cuánto le dura al amante una canción de desdicha, cuánto de primer astro aún

gobierna en la lejanía de la noche donde no tiene timón sino la desdicha.

Contra el corazón de deriva, está el camposanto seguro y la muchacha mágica.

Casi todo poema es la ponencia de un sonámbulo, la misa de una lejanía que nos alborota un mar por dentro. Si no fuera porque ahora mismo sigo cruzando en bicicleta las ocho de la tarde del segundo viernes de mi adolescencia, tú y yo estaríamos besándonos en medio de estos versos.

Entonces, yo quería desempeñarme en el robo de desafíos. Entonces, y hoy, yo quería indagar en la secreta geometría del susto, hospedarme para siempre en la hemeroteca de lo que ama la primavera, y es así miniatura del futuro de la fortuna de la propia primavera.

Contra el ahogo de tanto calendario, queda la autoría de la imaginación y el taller de la lluvia.

XXI

Entre lo que sueño y lo que no sueño, entre lo que despierta y lo que yo digo que despierta, va quedando para siempre pendiente una herradura de imposible nomadismo, una biografía de otros puertos cuyos trópicos he perdido, una nación entornada de volcanes que no va a sembrar elocuencia conmigo.

Sucede un tiempo paralelo a los domingos.

Sucede una vida que no dará con nuestro embeleso.

Hay un palacio para nadie donde una plata de insomnio se consume contraria a la evidencia. Yo lo padezco, yo que a veces voy con la melancolía de orillas donde no he llovido.
Lo sé, yo lo sé, porque adivino en mis lunas un aguamiel de guadaña ajena, y encuentro a deshoras la medalla de verdades que sirvieron a la voluntad de otros.

Prospera un banquete a espaldas de nuestro exterminio, esconde la primavera una grandeza donde se ha prescindido de nuestras páginas.
Los jeroglíficos del vínculo piden para enramarse la virtud de un recuerdo que no nos conoce.

Intuyo atardeceres enterrados, va ocurriendo otro plenilunio inédito en un mismo día, igual que la esperanza viola los lutos lejanos.

Claro que sin nuestra sombra amanece un porvenir distinto, que ahí en lo inalcanzado se ahíla.
Un antídoto hay dentro de la trampa, claro que hay un blanco apogeo en el fondo de los oscuros cofres, igual que la lluvia tramita una medida del detalle, igual que tiene la mañana su campanario de vampiro,
igual que todo secreto avala una anomalía del silencio.

XXII

Rendí lápices de alumno a lo que arde, me añoré devorado por los venenos venideros.

Dije delicia a un paradero no seguro. Alguna diabla me amó como a su vino.
Dije domingo no sólo al futuro de la fiebre sino al color del miedo.
Me anidó el promiscuo aroma de tanto que ojalá me hubiera sucedido, me anidó sincero como el hueso.

Media vida estuve botánico de lo que sólo importa a cuatro desquiciamientos, y otra media soplé el mismo empleo de la mágica justicia que aún llama desacato a un columpio, cabellera de la certeza y también cabellera de la fortuna al acopio del peligro y al festín de las bifurcaciones.

A menudo, me escapó el corazón al recreo de cualquier puerto. De ahí conservo todavía el dulce sonambulismo de salir a presenciar despedidas cuando el último crepúsculo se ahorca en cada barco. De ahí también las ganas de arrimar todavía el beso a un último vértigo cuando la noche se ensancha hasta la cama de los ocultos y el cristal de las catacumbas.

Aún me engaño en la imaginación del día donde no sospeche que al abrir un amor se inaugura un pasado, que sí morirá con pánico mi puma, que una hora hay en que todo puente es un uso del regreso.

Hasta entonces, ahí disputo muchachas al tormento, busco labor de laberintos, sigo de músico en la sílaba que copie la brasa del astro.

Ya casi no me ocupa mayor aprendizaje que ir quemando el luto sucesivo con oro de trampa y carmín de asalto.

Me iré creyendo en lo afrodisiaco de la mentira y en las afueras de la errancia.

XXIII

Los testamentos los dejaré de humo, más todavía me emocionan las bandidas si me citan en un bolero, sostengo una vieja discusión con la cicuta.

Me ayudo de un brasero de astros. Me ilumino con un piano. No estoy con aquel comercio que presume del ahorro en ruiseñores. No le veo mayor mérito al miércoles, tampoco al mes de noviembre, ni a los vicios de paso. Saludo la salud de la equivocación en las notarías de la aurora, frecuento a los desconocidos que fui, doy de fumar desórdenes a las sirenas.

Padezco un trastorno de trucos para ofrecer imaginación a la nostalgia. No me cansaré de convidar a rebeldía al ingenio. Firmo ahora mismo que el leopardo y el relámpago hablan un mismo linaje, que a menudo quiere prosperar un voltaje de leopardo dentro de lo que a tientas escribo.

Secundo el descuido como desvelo, duermo mejor del costado de la lujuria cumplida. Sé que, si miro mi mano, sopeso el universo, sé que toda foto decora un epitafio. Sobre la noche desmesurada me siento, mi mal lo remiendan las músicas, llevo ajuar de jungla.

LOS MOTIVOS DEL SALVAJE
(2006-2010)

I

LA desdicha que me apague ya escogió su noche.
Heme aquí, sin embargo, contrario al duelo,
bajo luna de caníbal, donde el halcón de mi herida.
Son míos los motivos del salvaje.
Al salvado lunes dicto en pie mi urgente espejo,
y gasto en sílaba la sangre todavía ligera,
entre el difunto que daré, tarde o temprano,
y el prófugo de éste, cuya frontera es ninguna.
Heme así, de nuevo, demorando qué tragedia,
o qué redada de adioses, antes de la última tragedia.
Como si no supiese que en todo lo escrito
tendré una mitad de primavera y otra mitad de espanto.
Como si en verdad hubiera olvidado
que va en el decir mi dolor, y va mi consuelo.

II

El humo en que muero fue primavera.
Fue radiante racimo la negrura que agolpo,
y el corazón tocó lejanías de opulencia
donde hoy ya no queda sino el medio candil
de la nostalgia con su aislado vino.
Fue cábala del agua el sitio de este desierto,
y tuvo aquí juventud la lujuria,
y aquí apuró el sentir sus terciopelos.
Fue nido de mejor suerte el día que hoy me olvida,
y un sacramento fue la catástrofe del gozo,
y un deleite otro adiós al acomodo,
y un vínculo de abundancia la luna,
cuando la vida se abría luciente como un aullido,
cuando el mundo lo medía el mar de mi corsario
y no esta celda de albacea del luto con su aumento.
Donde me prepara panteón el silencio viví música,
donde pareja me padezco de la penumbra
del bolero de hablarme a solas con mi recuerdo.

HAY un atajo de otras lejanías.

Hay una jerga de aguas vagabundas.

Hay un tintero que tiene tinieblas.

Hay un solitario puente pendiente.

Hay una terca ternura entre truenos.

Hay una suerte de encontrarse a oscuras.

Hay un furioso afecto de infinitos.

Hay un cierto decirse en lo contrario.

Hay una pereza que no descansa.

Hay un brusco sospecharse embrujado.

Hay un modo de acomodarse a nadie.

Hay una blanca unidad de venenos.

Hay una conspiración de astrolabios.

Hay un domingo anfitrión del infierno.

Hay un sol que pertenece a los muertos.

Hay un convalecerse de armadura.

Hay un volcánico vino nocturno.

Hay un mapa preparado a perdernos.

Hay una sed, un sueño, un desespero.

IV

Si digo dicha digo también infancia.
Y digo que fue palafrén de la primavera
aquel con el que yo andara los calendarios,
cuando mi juventud tenía extranjería de estrellas
y la vida prosperaba sin la disciplina del olvido,
sin el examen de la sombra o el litigio del lamento.
Si escribo abril también escribo beso.
Y escribo así que cené ternura entre tigresas,
y que me juzgaron inmortal aquellas lunas,
cuando la audacia cazaba de mi vuelo,
cuando el mar no era el mar, sino su riesgo,
cuando no era el corazón
esta inútil brújula de solitario.

V

La noche y yo hicimos el recreo del caníbal.
La noche y yo, donde toda suerte es salvaje.
Así encuentro que cada euforia sí contiene la víspera
de su sepulcro,
y que no ha sido existir sino un álgebra del olvido.
Así vislumbro los placeres cambiados en castigo,
y me voy sospechando así pobre de mi alcurnia extrema,
cuando el corazón tenía metido a intimar en el abismo,
a rondar con primavera el confín de otro capricho,
y a tener fe, y malandanza, y eternidades.

VI

La belleza de la lluvia y la belleza del desmayo.
Las lunas que perdí por mirarte.
Los puertos del verano, que siempre miran al amor.
El puñal, y la esperanza, y la pantera.
El sueño sucesivo en el que aún despierta mi padre.
La pereza de rimar vida con herida.
El espejo, donde caben el adorno y el espanto.
La violencia de agosto y su claqué de estrellas.
Todo lo que más calladamente se sigue doliendo,
y también su recreo, el llanto.
El ocaso, que habla el lento color de la nostalgia.
La droga de tu desnudo y el don del desvelo.
El miedo a que para siempre sea domingo.
El miedo a saber que en verdad un día tendré miedo.
Las mujeres que quise harén del olvido.
El insomnio del oro y el desaliño de la dicha.
Todo eso, en fin, y otras colmadas culpas,
en vecindad lo tengo con la mañana de la muerte.
El pavor, las caricias, el relámpago.
La fiesta de orfandad que en vano fuimos.

VII

Cuesta creer que ya aparejó la muerte
el negro galeón en que el habré de hundirme.
Cuesta creer que va conmigo su calendario.
Cuesta pensar que se llamará sábado, quizás,
el último asilo, y que tendrá barahúnda,
y muchachas y manantiales y maravillas,
como tantos otros descuidados días
donde fui dueño del volcán de la primavera,
donde decir mañana era un modo de la huida.
Cuesta saber que llevaré la misma lluvia
de esta sedeña tarde por escolta,
que uso el nombre que será mi sentencia,
que de algún modo amanecer es despedirme.

VIII

Lo nombramos placer, pero es combate
del ala de aliarse contra la ceniza y sus usuras,
dulce contienda del cuerpo que se crece en río,
que se abre en vino rebelde,
que en canoa de caricia se celebra,
y en ciego ciclón de sedas por el que eres tú
más pureza, y más espada yo, y más vida la vida.
Lo llamamos placer, lujuria acaso, pero es matanza
de estrellas contra la penuria y sus eclipses,
y es desastre de amor con saña de nuestros nombres,
y es ebria intriga del animal del otro,
y ser ciegamente su paz, su designio, su suicidio.

IX

Según florece otra euforia, así voy muriendo.
Según vuelve otro verano a las cinturas.
Hemos cumplido campanas,
hemos sepultado sospechas,
hemos estrenado estrellas,
hemos agotado geometrías,
pero todo sigue ahí, virgen como un susto,
mientras vamos nosotros más escasos de causa,
mientras aún más ricos de pérdida prosperamos,
y de estrofas y de ayeres y de espejos
donde llorar que fuimos, y que no seremos.
Según pasa el agua, me veo desierto.
Según viene la noche, que un día sabrá no verme.
Qué clamor, qué penuria incluso,
que agonía comprenderse sin la suerte de la estatua,
que ignora el tiempo,
sin la de la flor cualquiera, que revive de su vuelo.

X

Las palabras que enhebro, las que no enhebro.
La sed que soy, si inicio estos versos,
y la sequía que seré al concluirlos.
Lo que se enjoya ajeno a mi capricho,
pero que asoma asimismo en el préstamo de tu mirada.
El verano de la infancia, que hoy me inventa.
El diciembre que veo, el que no veo,
ambos víspera del alma de nuestra almena.
El nombre que te doy cuando miro a lo lejos.
El mar que borro cuando el mar recuerdo.
Todo difunde una verdad y difunde un olvido.
Todo instante inaugura el universo.
Yo, que todo lo viví, me iré perplejo.
Soy el alcance del ala,
la lápida soy de tanto don de eternidades.

ALEGRE, funeral voy, al arbitrio de abismos,
y así cumplo la vida que me dije sin brújula,
así su calendario de licencia, y sus charoles de exterminio.
Sigo un misal de tormenta, y mi recreo es de infinito.
Casi difunto ando de no andar donde debiera,
previo al diablo, penitente de mi empleo,
cuidando rosas de negro linaje,
y fragancias con su acento.
Así estoy, como la cicuta con su apetencia,
entre las varias veces en que me muero al día,
y los muchos días en que ansío morir y no me muero.

Tengo mía la soledad con aval de nieblas,
pero en tu cuerpo celebro la singladura
del verano de otra vida,
que es alto albor, siendo hondo abismo.
La soledad la ahormo con sentida herrería,
pero mi corazón no es menos tuyo
que mientras voy contigo a volvernos selva,
a ver qué furtiva fiera resulta la nuestra,
si el placer nos pide, si nos pide herida.
Así va dándose porvenir el ayer del milagro.
Así voy siendo de ti también tu ausencia.

XIII

Debiera, al fin, no ser cierto
que no hay otro rey que el invierno en nuestro mapa.
Tanto hemos fatigado la búsqueda, y tan sin premio,
que ya debiera ser clara causa de otras vidas
el conducirse por nosotros bajo salvaje astronomía,
y el darse a normas de huracanes,
y el igualar con lujurias la nostalgia,
y el no lidiar luna distinta al luto,
y el cantar para nadie el crudo vino de los vencidos.
Tanto soñamos, por existir en el exceso,
que debiera no ser cierto, siquiera por un día,
que pertenecemos, como el mar, a la intemperie,
que quien ensaya un afán promueve un epitafio,
que quien tiene el amor tiene también su quemadura.

XIV

Qué albedrío el beso, que abre amores, y los cierra.

Qué lujuria llegar con tus ojos, y saberlo.

Qué fraterno desafío el del fuego, si diluvia.

Qué posteridad el tacto de aparecerse a oscuras.

Qué exterminio el invierno, cuyo confín no existe.

Qué intimidad un tintero, un adiós, una tormenta.

Qué dulce vértigo volver, pero no haber vuelto.

Qué susto el nombre, que juega a ser mar o muchacha.

Qué feliz fracaso mirarte desde mañana.

Qué enigma la costumbre, que nos vive diversos.

Qué milagro la vela ignorando la aventura.

Qué porfía procurarse huido, qué castigo.

Qué sacerdocio de tigre tanta dolencia, tanto puerto.

Qué antigua gesta de mañana.

Qué triunfo ensañado de cumbres como el frío.

XV

Igual al látigo, y como él tan solo,
yo soy también quien para ti cuida
las guardadas galas de intimar con la ternura.
Te asisten todos los modos de ser pantera,
pero también padeces el lunes, el violín, el lamento.
Vengo a decir que aún nos tiene el peligro entre sus planes,
que murió acaso la primicia, pero no su empleo.
Vengo a decir que somos y no somos
semejantes a aquellos prófugos de antaño,
cuando era el universo un vino abierto,
un hermano de promiscuo terciopelo,
un calendario de la calentura de vivir sin invierno.

XVI

Aquel soy que ya viaja siempre de regreso.
Pues pertenece lo añorado al descuido de mañana,
y está el ayer por tramitarse todavía.
He cumplido todas las trashumancias de la tristeza.
Hay lunes por nacer que son olvido de mi infancia.
Hay lunas cuyo recuerdo pertenece a un sueño pendiente.
Sería nuestro consuelo el del ocaso,
que se repite, pero no cesa.
Sería mejor aún el del espejo,
que todo lo vio, pero nada ha visto.
No os habla, pues, sino mi porvenir ya vencido.
Y en él su metal antiguo, y su rara alcurnia,
y su métrica con sabiduría que es de otro,
y su dolencia de aliviarse allí donde no estuvimos.

No habrán sido más que rescoldo nuestros corajes.
No habrá sido más que luto el tránsito,
y poco·más que pavesa habrá sido el presentirnos
perpetuos bajo romances negros y agostos blancos.
No quedará mediodía con que discutir el desamparo.
No quedará el mediodía, incluso.
Ni el trino, ni el retorno, ni sus jardines.
No tendremos más que la víspera del adiós,
que nunca fue adiós, hasta ese día.
Será tal vez en un cerrado lunes de ronco número.
De cualquier modo será en un diciembre sobrevenido
entre los otros meses, como éste, ahora, cuando llueve,
donde se hace tarde, donde soy su hermano.

XVIII

Lo que escribo quiere acertar con orfebrería,
pero yo no envidio otra verdad
que la que va desuncida en las brisas,
que la que ya está en la elocuencia de la escarcha,
que la que grita la negrura numerosa,
cuyas versiones incluyen el mar, y el miedo,
y la mirada.
Yo no he venido sino a bordarme broche
de la esquiva abundancia y el manantial secreto,
a morirme semejante a la eternidad
que de mí se aleja o no se aleja, cada día.

Lo que escribo, sí, busca justicia de alhaja,
y tiene cábala de selva, aunque no la abarque.
Lo que adivina vive a su alrededor,
y lo viene perdiendo conmigo:
el tesoro de la claridad, que nombra en silencio,
y el agua de aurora cuya réplica no existe,
y la luna inaugural que somos y no somos.

Si la luna no lindara con todos peligros.
Si malignamente conmigo no lindara.
Si a tiempo hubiéramos sabido que el mar
nunca es el mar, sino el plácido daño de añorarlo.
Si diciembre no durmiera escarchado de muchachas.
Si cada placer compartiera sus espejos.
Si toda locura cumpliera su espada.
Si el frío no nos calara hasta la infancia.
Si por fin las noches se fecharan por caprichos.
Si no intuyera que en tu perfume fuma una vampira.
Si acaso tampoco tú lo intuyeras, di, entonces.
Si el alma hospedara una orfandad de menor filo,
qué libro más puro habrían dado nuestras vidas,
qué otro luto.
Qué blanca heráldica donde mejor hundirse.
Qué epitafio definitivamente distinto al fuego.

XX

Más patria agolpo en el luto que en el lirio.
Sé que lleva parentesco de cuchillo mi tristeza,
y que me mata el día, porque me añoro estrella,
y que me duele agosto, porque soy el tiempo.
Lo que del placer quemo lo disputé al quebranto,
y en jarra de oro guardo algunas lluvias de alivio,
de cuando era el contento nuestra tormenta,
de cuando el afán no escampaba,
de cuando no escampaba la infancia
y para que no se extinga, y para que nunca se extinga.
Me ocupa un calendario de póstumos apegos,
mas espero la noche como la espera el lobo.
Aprecio en la lontananza un uso del olvido,
pero estás aunque no estés, loca mía, tan hermana,
burdel del aire, arpa de la última pureza
que por el sueño va, que igual va por el recuerdo.

XXI

El timón y el verso, porque se ayudan del mar.
La lencería de un cielo que no sabe que es La Habana.
El color, casi música, que veo cuando cierro los ojos.
La noche que aún me ama, si me duermo.
La noche de estar con desvelo,
cuya negrura es hada de mi herida.
La tinta que se ignora rúbrica de vampiro.
La sangre de águila de despertarse enamorado.
Una rosa al azar, que es bordadura de la brisa.
La brisa misma, que visita toda la primavera.
El relente de prófugo que aún me espera en mi infancia.
El domingo en que mi padre tuvo nombre de cadáver.
El domingo de morirme, donde estará mi padre.
La palabra tigre y la palabra bálsamo,
que sirven al riesgo y al remedio.
La bondad de belcebú con que a solas me absuelvo.
El licor que habrá de dictarme la última nostalgia.

XXII

Cómo no darse a lucir el corazón
por las sagradas selvas del exceso.
Cómo no jactarse de arriesgarlo
bajo suertes de tigre,
bajo lujurias de ciego asalto,
bajo horóscopos de luna extrema,
si ahí está la muerte, vecina de todo, victoriosa.
Cómo, di, si ahí queda la muerte con su acecho,
que de todo hará mañana fatal cosecha oscura.
Cómo, si saberlo es alejarse de cualquier cuidado,
si ignorarlo más devotos nos acerca, todavía,
al arte de privarnos todo apego,
al hábito de huir cada cordura,
de huirla ajenos al consejo, y a la desgracia, y al invierno.

XXIII

Pero el silencio también mata en nuestra almena.
También roba de lo que juntos fuimos,
allí un jueves de gladiolos, aquí la acuarela de ocaso
en cuya lluvia vimos al fin la joyería del esmero del alma.
Quiero decir que reparte amparo, pero reparte pena.
Nos acaba saqueando el silencio, sí,
como nos saquea el alcohol, la culpa o el invierno.
Hablo de esos días en que no hay nada a salvo,
de esas horas plenas de la nada del daño.
Oídme: cuando todo está, pero se ha ido.
Hablo de esos días en que es mi viuda la noche,
cuando a solas ceno de mí
el recuerdo del jubiloso manjar de enamorarse.

XXIV

Quizá ya ha vencido mi vida su mitad de orquídeas.
Quizá tiene ya mi brújula más poniente que pelea.
Aún joven prospero para el luto,
pero mayo me pesa como una tutela de anclas,
como un viejo recuerdo
de cuando el corazón nacía a diario,
de cuando cruzar un puente era cruzar una sorpresa.
Si miro a mi infancia, nombro una cercanía,
si insisto y miro a la muerte.
Mi salario de sol se va haciendo diciembre.
El invierno ya persigue en mí a un hermano.
Me quedan y no me quedan el frío, la apetencia, los perfumes,
las muchas maneras de morir que ya he cumplido.

XXV

Llevamos la vida sin consuelo de los puentes.
Por una orilla, pastorean los placeres.
Por otra orilla, prospera el espanto.
Conocemos todos los modos de incendiar un domingo,
pero a menudo no arde lo que se odia,
pero a menudo no sueña lo que está solo.
Decidimos la incógnita mar adentro,
y no hay suerte sin premio, y tampoco sin naufragio.
Tenemos por calendario un museo de abismos.
Tenemos por hazaña un cielo cambiante.
Nos sobran sobresaltos, si pretendemos amparo.
Si buscamos otro vértigo, nos mata su demora.
No nos falta nada, y todo nos falta.

XXVI

Se fue el verano, y se fue la infancia.
No de otro modo quedaron míos para siempre.
Porque lloro, soy albacea del gozo.
Porque tengo tristeza, y sé dormirla.
Yo rebusco en mis versos gemas vírgenes,
pero nada brilla en ellos
que no pudiera hallarse aún mejor
en las completas platerías del crepúsculo,
nada que no se ansíe semejanza
del pétalo aquel, o de aquella ola
con que cifráramos el primer amor
o el mar primero, que no concluyen.
No hay día idéntico a otro día, pero bastan dos tardes
para aprender que es la sorpresa un arte de la réplica,
para aceptar que son del pasado todas las primaveras.
Pues amé, tengo imperio de elegía.
Porque escribo, tengo adivino el corazón
de lo que trae suyo la brisa, de lo que suyo se lleva.

XXVII

Dónde el agosto de la fortuna, nunca elegido.
El afán de haberme querido suicida, dónde,
la suerte de no haber abierto aquel lunes un primer libro.
Quedará dónde el sur de la sospecha que no escuchamos.
Dónde el verano de haber querido a otra muchacha,
y en su cielo la ilusión con promiscuos colores
distintos a los de esta tarde,
en cuyo balcón de nuevo barajo la suerte
de ser o no ser qué sendero.
Dónde, incluso, el hondo hueso de las horas
que no se quemaron cautivas del amor,
o de su terca herencia.
Dónde el agrado de haberse perdido
con sístole de otras nostalgias,
que es como decir dónde, o cuándo,
las vidas que sí arruiné decidiendo mi vida.
Dónde el vino vencido de haber brindado
bajo la luna de un riesgo que no dio conmigo.

Probé a cantar el miedo en pie
que hay entre dos puñales.
Probé, y sonó un himno de espuma.
Quise cifrar un recuerdo de escarcha,
y el corazón se me volvió verano.
Porque escribo, no sé, no sabré nunca,
cómo baraja la emoción sus joyerías,
cómo va la verdad cargada del azar
de acendrarse en oro o en ala.
Porque escribo, conspiro contra mi deseo,
y por mí decide el sentir su pugna de arpas,
y a su antojo escoge la nostalgia otros estuches,
y bien pudiera encontrarme más íntima razón
o mejor espejo allí donde no estuve.
Incluso cuando celebro el amor, otra mujer
de ti se inventa. Así te pareces a aquella
que no fuiste, y ella a ti, que no del todo existes.
Si pronuncio negrura, he pronunciado también aurora,

sin hacerlo. Otro soy, que de algún modo
cierto me augura. Otro, no menos cierto.
Si digo ángel, soy y no soy, si no lo digo.

De la noche me va durando un luciente luto.
De faenar la noche, y el porvenir de sus puertos.
Ciertamente me distingue, entre las fijas fieras,
el pacífico proceder del suicida.
Es el mío el duro síntoma vagabundo
de quien una hora tendrá en que no vuelva
de las mismas lejanías donde se aman los tigres
o las diablas, mis hermanos.
Un frío de cercana catástrofe me concierne,
y no se acaba,
un frío que aún no me abarca, pero lleva mi nombre.
De tanto usar la noche ya arrastro por costumbre
una inclinación funeral, y un ala mansa de melancolía,
y un estremecimiento de cenizas que son atrio
del misterio y también su más íntima reliquia.
De la noche, sí, me van sobrando
las altas hambres de no querer nada, y haberlo dicho.

XXX

De modo que se llama viernes, pero también averno
ese día en que trae la tristeza gama de relámpago.
De modo que no hay nombre en rigor para ese día,
cuando va el alma famélica de todos sus candiles,
y más dura la multitud de su herida
y no responde heraldo de ningún alivio
y si digo auxilio digo que apenas existo
por salvarme de un desierto que me abunda por dentro.
Diríamosle verdugo a ese día, naufragio o veneno.
Diríamos, acaso, que es diluvio del milagro del vivir,
pero no escampa, pero nunca escampa.
Es cuando el sol resulta una ajena rutina olvidada,
es cuando a la muerte iríamos como a un vino,
porque no sirve pensar que acaso mañana
vendrá el alba ahijada de jazmines,
porque mañana ya fue, porque si pienso me miento,
porque el dolor es saber que el dolor nunca acaba.

XXXI

TENGO sábados con la infinitud de mi infancia,
pero a veces mi nombre no me recuerda.
La tarde se aleja con nostalgia de remo o de amante.
La tarde se acerca con afán de novia o de naufragio.
Puedo predecir la espada, pero la espada es,
y nunca ha sido.
Pienso el grito, y así del pavor vuelvo.
Digo pánico, y a menudo el eco me precede.
El perfume que pasa lo padezco como aquel que no pasa.
Agoté los mares, pero el mar nunca se ha visto.
Cada noche arruina un réquiem, arruina un romance.
Cada noche resulta víspera de otro que no fuimos.
Todos los países son países de mi pena.
Todo fervor es una usanza del olvido.
En mí está la primera aurora, en mí su última lejanía.

XXXII

Hay un beso que no dimos.
Hay, por tanto, otra suerte de añorarse,
y hay, así, un mar de amantes
que ahora enreda rumores
en ciertos nombres parecidos a los nuestros.
Hay otra vida, sí, tras ese beso,
y un puerto de antípodas donde emplear el apego
y un arte distinto de compartir las penumbras
y un modo pendiente de decirse adiós
y un atlas contrario de otra locura
que no es la tuya, ni tampoco la mía, pero pudo serla.
Hay un futuro que se avecina en el pasado.
Toda verdad se cruza a diario con el olvido.
Venimos del sitio aquel donde nunca estuvimos.
Ahí, a deshoras, quienes no fuimos
nos dan de cantar al recuerdo.

XXXIII

IGUAL que la aurora guarda lujurias de lobo,
igual que el mar padece antípodas de molicie,
así sé yo que lleva ternura mi cuchillo,
que voy al sentir, pero soy el hierro.
La herida de vivirme la leo en los espejos,
pero de lo que no me ocurrió convalezco,
de lo que fuiste sin mí, que sin duda es mi suerte.
Conmigo está la lontananza, y me duelo lirio.
Conmigo va el deshielo, y también su heráldica,
aunque me acierta la pavesa, como me acierta el verso.
Alivio no uso sino el de apreciarme en peligro,
y mide mi fatiga la del ala,
que morirá firmamento.
Nombrado va mi amor con las etnias del trueno,
pero no hay menos verdad si lo digo en el ascua,
si soy al decirlo el bronce, si soy la brisa.

XXXIV

CIERTO como el ancla, pero brumoso,
triste como la palabra termómetro,
triste, incluso, como la palabra que dijera
que me cifra un cofre vacío o un libro cerrado,
voy matando las noches que le sobran al invierno,
voy soñando las anchuras que le faltan al espanto.
Estoy viejo de nacer joven a un mismo día.
Enfermo estoy de curarme de vivir sin peligro.
La paz que sufro requiere una lucha
cuyo sitio no encuentro.
Estrella no tengo sino aquella que se apaga,
aquella que igual a mi alma se apaga, dolidamente,
con soledad de lejana lámpara.
Hubo un tiempo en fueron míos
los cuerpos, el propósito, los incendios.
Hoy me conciernen los adioses,
la penumbra, los pantanos.

XXXV

Ojalá que fuera un día alguna página réplica de tus
  ojos,
y que toda costumbre zozobrara en tu hechizo,
y que así de volcánico perviviera el sentir,
y que nunca el tiempo lo diezmase.
Ojalá que no apagara cada viaje una antigua vocación
de ángel, y que con volver no volviéramos.
Que sí respondiesen las verdades con su nombre más
  bello,
y que la nostalgia consistiera en otro modo de animarse.
Que no nos llegara al beso algún hartazgo
y que tuviera brusco antídoto el desconsuelo
y también la norma y la mansedumbre y el domingo.
Ojalá que alcanzara el deleite la dimensión de un sueño,
y que más tuyas, y más mías, y para siempre,
se allanaran al recuerdo las mutuas noches dichosas,
si te espero, amor, si no estoy, si ya te has ido.

DONDE LAS DIABLAS
BAILAN BOLEROS
(2000-2002)

I

Dame nombres de corsario, si en La Habana me vieras. Dime normas de lunático, y pide, como yo, contra los horarios, más convulsas coctelerías, y ciégale a toda razón sus proas, y piensa hondamente que sí, que siempre fue alto verano en tu vida mientras la noche se sigue cargando de muchachas como negros relámpagos.

Tocan chachachá por todo el fragante *nigth-club* del deseo.

Tu nombre, en la memoria, arde o daña.
Nunca está solo quien ha amado. Nunca aquel que escribe en los puertos.

Aquí, si me viérais, sabed que me pesará el recuerdo con anclas de catástrofe y que no soy sino el ebrio que busca borrar sus lutos, cuando la belleza desquicia el mundo y las mulatas entran a los pórticos el aguacero de sus tacones. Otras salen de rojos *chevrolets* hacia el hall de los hoteles desvelados, para la fiesta del sexo o la música.

Yo estaré siempre de ti enamorado y a los ojos te mirará mi embeleso aunque no estés y me temblará el timbal del corazón como si a mi costado te durmieras.

Oídme, y al fin complaceréis a un perdido: aquel que fui, y acaso quien seré, desguaza deshoras y transita desórdenes pensando que la muerte sólo viene en días fríos.

II

Sé que se subastan los besos por las barras perdidas y
sé que el corazón de las muchachas se acoda en lo
oscuro, para quien al fin se acerque dando con fe un
rojo nombre de pirata.

Se abre el tiempo de entenderse bajo la maravilla de la
mentira.

Dejadme morir aquí, dejadme amar también aquí, fiel al
infierno de los perfumes, novio de todas las miradas,
que hasta mí más cierran su dulce coro lujuriante.

Al fin, sigo normas de lunático, hablo al ron sin fecha, y
sospechan de mí todos los espejos.
Al fin, siempre llevo huellas de carmín en mi blanca ca-
misa de pianista del Hotel Capri.
Airada Habana ardiente, confín de los ocultos, burdel
de los perfumes, dame alto número de cómplice y
cumple conmigo todos tus abismos.

Yo estaré siempre de ti enamorado, y de tu mano iré por los perdidos puentes aunque no estés, y escribiré en el aire tu nombre y sufriré tu ausencia bajo el mismo desespero con el que un primer día fieramente nos besamos.

Las mujeres que asaltan de hermosura la noche no traen en las mojadas cabezas sino una calamidad de estrellas. En sus celestes cuerpos prospera la sombra de la palmera. Sus nombres tienen eco de veneno y en la pulpa de los labios maduran crepusculares carmines, que luego sabrán a desdén o beso.

Pero los que conocen el misterio cuentan que a diario nacen todas de la soberbia del mar, del largo y cruel y amado mar, gemelas asimismo del diablo, y, como éste, dirimen con un pestañeo los deleites, apagan el mundo bajo un abrazo y arbitran las tormentas del amor con un solo golpe de sus pintadas crines.

Dejadme morir aquí, sí, secreto en caprichos, culpable de todo desorden, fiel al escándalo de complacerme, donde el amor se malgasta en músicas y las rameras se matan por una rosa.

III

Traigo el pálido pómulo de los que han sufrido muy
lejos.

No le encuentro a la sed su antídoto, pero diríase que sí
soy aquel que acaba todos los venenos del vagabundo,
bajo abusos del arrojo, entre otros lobos inconsola-
bles y ciegas ciervas que no maldicen la ternura.

El atardecer en las torres y el carmín en la memoria.

Mi alma es viuda de esos raros viernes en los que viajába-
mos sin rumbo y, sin embargo, estábamos más tristes.

Mañana será el día en que nos conocimos.

Ven, pues, con el pelo en llamas, amor, harén de mi
euforia, mi fielmente descarriada. Ponte furiosa de
flores y píntate la luz clamante de mayo en la sonrisa.

Por las tapias de la calle Trocadero, acaso por las nubes de la calle Obispo, por todos los rellanos de los paraísos en ruina, donde haya cornisa y haya secreto, donde el sol muere en lunes, ahí también pintaremos tú y yo nuestros anudados corazones de apache.

Tu fantasma en los perfumes y tu ausencia en los brindis.

¿Quién me procura la copa acaso imposible donde sí quepan los alcoholes de la grave nostalgia que de mí me aleja?

MUCHACHAS del acecho, hermanas de tanto alcohol en
vano, en vuestro amor también duermen calendarios
de debacle. Lo sé, y casi lo temo, lo sé y casi lo ansío,
pero qué importa, qué más nos importa.
En vuestro amor también espera la bacanal del daño.

Los taxis reclutan tigresas bajo la tormenta.
Los convertibles cargan centauras que cantan casi a coro
estribillos en llamas. Son alegres como látigos, son
viciosas como la bruma.

Aires del petróleo en la madrugada, perfumes de fresa
en los escotes, hacedme vuestro. Que mañana, cuan-
do haya muerto, la brisa me celebre con diademas de
margarita en las ninfas nupciales y abalorios claros
en los cuellos de los músicos que tañen el cuero con
cucharas.

Por las terrazas tienden besos adúlteros y lavan verbos malvas.
Hay quien cena esperanzas de amor bajo los toldos.

Aquí está al fin quien desertó del cálculo y ya veló toda pérdida.

Mi nombre no depende sino del capricho y llevo por corona la altiva luna de los locos.

Bajo los porches, la tormenta es un epílogo de otros septiembres. Yo jamás he salido de La Habana.

Al oído, las palabras padecen un dulce eco de café o cosmético. Yo no creo haber pisado nunca estas calles.

Las palmeras plateadas, los escenarios conspiratorios de penumbra, los marceños muslos de las coristas, los faros de los *dodges* a las puertas de los clubs ocultos. En todo persevera una mercenaria mitad de ciudad ganada al sueño o fiada a la fiebre.

V

Los apenados pianistas, los lívidos violines, los sábados
   sumergidos en un bolero, incluso los ojos de las bai-
   larinas, como verdes catástrofes en los cabarés más
   oscuros, ¿sabrán que no existen sin un desguazado
   corazón hermano, como el nuestro, que los añora
   desde siempre?

A veces, mi amor, vuelven a ser vísperas de abril en mi
   alma, y corono en la ciudad las mismas calles que
   pisé en un sueño, y casi diríase que me creo el mismo
   joven forajido que leyera endechas de ardor a la luna
   de tu desnudo.

Me suelen brindar el diamante de su mirada las piróma-
   nas de esquina que llevan una rosa falsa en la mano
   y me convidan al fervor los rastafaris sin nombre que
   alquilan *chevrolets* de agua negra, con timón de pira-
   tas, en cuyo interior la noche es siempre una fiebre
   de otro viaje.

En la memoria, tu nombre rebrilla a rachas con heráldica de ascua o fidelidad de flecha.

En la memoria, tu sombra cruza conmigo puentes rojos y plantaciones de silencio.

Últimas muchachas de la noche, trágicas floristas del beso, vuestras miradas riegan de esmeraldas la ciudad desierta.

Por las calles torcidas de penumbra, la nostalgia agrava sus castigos, la nostalgia camina sus castigos.

Los músicos melancólicos, las clamorosas trompetas, las canciones consteladas de pena, incluso las chicas ahorcadas de amor bajo las luces mórbidas de los *nigth-clubs*, ¿sabrán que en la eternidad viven porque un día, durante un instante, por ellos murió un errático corazón corsario, como el nuestro?

VI

CANTAN su queja, aquí y allá, las roncas mulatas, en
ramos sexuales, bajo el promiscuo palmeral de la no-
che, y el ron reconquista la sangre como un guerrero.

Es la hora en que la dicha depende de un bolero y las pis-
cinas desiertas copian el añil homicida de los cielos.

Mi alma frecuenta el júbilo en sus lejanías, conspira con-
tra la amargura ante blancos cócteles, fuma abrazada
a los peligros.
En otras deshoras, mi alma también trata con serpientes,
engaña en verso a las rubias, apura venenos de vam-
piro. Luego, regresa, una vez más, bajo sus techos,
tal y como partió: gravemente borracha de saber que
sólo lo que recuerde merece haber existido.

Salen, en los cabarés, las parejas a bailar y se cruzan las
miradas como si se conocieran de una mala postal

romántica. Ellos usan la destreza de los galantes, pero matarían con machete de puerto por aquélla cuyo cuerpo es un cascabel de lilas. Ellas mienten en dulce esdrújula y fuman marlboros falsos, y dejan en la boquilla un encaje de pésimo carmín, y vuelven a repetirse estrofas que hablan de amores malhadados, quizá como los suyos.

¿De dónde llega, de pronto, hasta el alba, tanta adversa pasión? ¿De dónde le viene a la mujer la pasión?

Es la hora en que la lujuria baraja sus juegos y el alcohol pone a los trémulos una voluntad de valientes.

Bajo lunas entornadas, sobre terciopelos de casino, o bien al fondo de tórridos tugurios, las más bellas guardan para quien nunca llega un corazón puro como una selva.
¿De dónde les llega a estas mujeres el misterioso amor, a dónde le lleva a la mujer el amor?

VII

Aquí, donde las muchachas, casi ilusorias, usan por es-
pejo el capó de cada *plymouth*, y los barcos, a lo lejos,
se hunden iluminados como raras alhajas, y la música
en cada esquina desordena las jóvenes cinturas.

Al fin perdí la edad, y no fecho día, placer o pena.
Aquí, donde las diablas bailan boleros.

Vivo según bruscas deshoras, que me acunan, entre un
ayer que será y un mañana que ya olvidé.
Hijos también del exceso, sírvanme bajo larga mano luju-
riosa otra ronda contra las crecientes tiranías del tiempo.

Tocan mambo tras una súbita tormenta que ha caído sólo
en mi corazón sitiado.

Amor mío, loca de entonces, talismán en celo, la más dul-
ce de entre todas las descarriadas, si supieras cuánto te
quiero, llorarías, sí, ciegamente llorarías.

El ron corre como un oro loco, cada noche, por las copas y los instintos.

En febriles brindis la luna nos reúne a los de su raza.

Tocan salsa en terrazas que no existen, y tocan sones cuyo eco va a morir a los pies de una muchacha tan hermosa que tampoco existe.
Aquí, negras mías, rameras hermanas, novias de asalto, que no diferís del incendio, venid y sabed cómo quien de verdad amó nunca comprende no haber muerto.

Bajan siempre los extranjeros del mismo taxi negro donde luego secuestrarán a la que es el más dulce cuerpo de la isla.
Diríase que son ciertas las fugaces palabras de amor que las urgentes parejas se dedican en lo oscuro. Incluso que jamás se mintieron al mirarse fijamente a los ojos.

VIII

Dɪꜰíᴄɪʟᴍᴇɴᴛᴇ hallaréis entre mi estirpe quien más ve-
   nere los tormentos de la belleza. Juventud, en ti duer-
   me mi verdugo.
Muchachas de los puertos, vampiras de oro negro, vues-
   tros cuidados acabarán trayendo la más honda daga.

La tarde pasea en *buik* ante los amantes.
Sobre calmados cielos, el azul más puro columpia nubes
   color nostalgia.

Qué tesoro dar, di, o decidme, qué trofeo acaso, o qué
   herida, y con ello su cerrada contienda, porque al fin
   un poema no fuera sino la añorante entraña entera
   de este ocaso.

Mi vida es ahora un embarcadero soleado de pereza.
De tanto soñar, arrastro el corazón de otro, y en él roba
   raros versos la memoria, bellos como aullidos.

La lejanía lidera relámpagos contra la desgracia y la negrura.

Si en La Habana me vieras, dame el nombre de tu peligro. He perdido la brújula de la cordura. Definitivamente he perdido el fraterno violín del lamento.

Mi vida acaba de creerse eterna como el verano.

Habladme para siempre en esdrújulas embrujadas y acentos de plata.

IX

TIENEN las muchachas nombres sexuales y sonoros,
como ellas, Amery, Omara o acaso Suriam.
Suelen fingir sonrisa de amante al viajero y le llaman con
susurros en la violenta noche portuaria. Te llaman y
te aman.

¿De dónde nace, de pronto, tanta rara pasión, de dónde
le conocen al hombre las impaciencias de la pasión?

Acecho mulatas con el pelo en llamas que ríen mirando
al mar y pretendo negras que enseñan un tanga de
tigre, si bailan, cuando se sientan.
Hacen señas a la música y hablan sílabas de menta.
Tienen bellos nombres barrocos, de volcán o arma.
Sé que a todas las desean los *croupiers* apenados que vis-
ten casaca de sangre.
 Sé que las ansían los camareros insomnes que sirven
daiquiris con pereza de gánster, los agrios pianistas

que mueren, cada noche, por aquélla que les besó un día para no volver.

Hay para los audaces deshoras de tugurio donde es preciso orientarse con el tacto, como quizá fuera deseable en la vida misma.

¿De dónde le conoce a un hombre el amor, de dónde, di, me llegan a mí los jóvenes peligros de la pasión, di, o decidme, Habana de los riesgos, carnales Caribes de todas las emboscadas?

X

Soy yo el ebrio que va y viene, vagando fragancias o vio-
lando auroras, y en los mercados respiro el verano que
queda en cada fruta, y me ahorco a diario con la luz
en pie de las hondas heladerías, donde las muchachas,
casi niñas, se multiplican en frenesí de faldas, en ro-
deo de indecisas, en anillos de lluviosas miradas.

Hoy lo he entendido, oídme: vienen buscando, sin sa-
berlo, todas mis páginas la gracia de catástrofe con
que mueren al sol sus melenas.
Ahogadamente estos versos ansían la almada curvatura
de su poca edad, pleamar o pulpa, cifra o fiereza por
la que de repente el mundo, de tan bello, se nos torna
insoportable.

Ay, alta juventud que te ignoras, sé por siempre mi diablo.

Todo libro está escrito contra la muerte. Todo libro, mi
amor, dulce razón de la errancia, cada verso.

De manera que yo sé que sí, que es de pronto abierto
verano en nuestras vidas y que no escribo sino por
aún más amar lo que me deja, que es cuanto tengo.

Ciego de prodigios, indiferente al luto, definitivamente
afortunado en fiebres, algo merezco de cuanto me
viene doliendo.

Concededme, al fin, la convulsa belleza de una ninfa
para pie de mi lápida, por razón de mi vida, y nunca
el acecho del invierno o el horror de la añoranza, os-
curas vecindades de cada ocaso, de tanto abrigo, de
todo sueño.

XI

Quiere decirse que también me doy a vivir la soledad
  suicida del enamorado y así le hablo al ron en tristes
  términos o reparto tu nombre por los puentes y siem-
  pre el corazón a mí regresa gravemente ensimisma-
  do, el ciego corazón portuario que vengo arrastrando
  con los oscuros parentescos del trueno.

La luna ocupa sin descuido sus palcos en las fiestas espe-
  jeantes de trompetas y los cuerpos sacan a las pistas
  su más ebria juventud de tigre.

Hace un calor sin duda de otro agosto y en cada mirada
  vive un peligro.

Alterno el sur de la lujuria con los perdidos despeñaderos
  de la añoranza.

Firmaría con fe que ya sonaron para mí estas músicas,
  en la terraza de un sueño, pero los pianistas ignoran

mi nombre y las bailarinas corren a perderse, tras los
brindis, con la ceremoniosa canalla que colma las
sombras, entre la que ni vagamente me recuerdo.

Aquí, si me vierais, donde la noche palpita de palmeras
y el alcohol retrepa a los instintos.
Traedme a la más hermosa mulata de estos confines,
traédmela sin rodeo. Quiero suicidarme en su mirada.

Combino, amor, el ahínco de tu recuerdo con el prófugo
harén de los espejos.

XII

Los que conocen el misterio advierten que jamás fueron humanas las melancólicas muchachas que juegan al billar como capitanes, y roban tabaco rubio a extranjeros de manicomio, y fuman de perfil, y acaso ofrecen un paraíso desde una mirada donde estuvo el infierno del amor.

Luego, muy de madrugada, se masturban junto a una cómplice, en baños inverosímiles, mientras nunca llega el tren maltrecho que las llevara a ver a una hija que tuvieron en el sur, a los quince años, entre dalias y desdichas, cuando el ocaso tenía el esplendor de un naufragio y no había más ley que la ola.

Querría ser el primer amante de la más loca bailarina del Tropicana o del Parisién y que lo que a él le aguarda a mí me aguardara. O acaso quisiera ser el novio último de una bolerista bella como un desmayo, y también que al fin su suerte fuera mi suerte.

Tocan salsa por jardines desquiciados y en el eco distingo los mismos oros que alojan los entornados cabarés del deseo.

Amor mío, fasto de otras furias, si supieras cuánto te quiero, llorarías, sí, largamente llorarías.

Desde los balcones, las doradas adolescentes y también las delirantes santeras e incluso los graves navegantes miran fijamente al mar y esperan. Miran al horizonte y esperan. Miran y esperan. Del corazón de todos salieron ayer cartas de curva letra destemplada para quien más allá de la nube o el oleaje, más allá de los olvidos, les llora a diario en silencio y en secreto. Disfrutamos el mismo desconsuelo.

De pronto, aquí, oídme, dueño de una rara tarde, malherido de mí, pude ahogarme de amor por una desconocida cuyos ojos, un instante, fueron fijas gemas de malicia verdemar bajo la lluvia.

XIII

Se cruzan hombres y mujeres en el beso. La noche, mirada así, asoma convulsa y bella como un anhelo.

Es la hora en que las mulatas marean el hall de los hoteles y los pianos convalecen como enlutecidos dioses.

El Malecón piensa en ti.

Nada más bello que una isla, que esta isla, cuando conspira el crepúsculo. Dichoso de excesos, hay quien no sabe si pedir otro trago o mansamente morir.

Enseguida será la hora en que los boleros se asombren de hallarnos aún solos, y otra luna más ebria doblará sus claros dones entre los malditos.

Al fin, una dorada tarde la vida entera da al mar.

Las piscinas aún nos recuerdan a las ensimismadas valquirias con bucles de agua y lozanías de espada que leían novelas de aeropuerto. Se perdieron sin mirarnos a los ojos. Hubo trovadores de asalto que en vano probaron a embelesarlas al oído. Llovió salitre y alguien lloró sin ser visto.

Las piscinas todavía nos recuerdan a las negras de selva que sorteaban las hamacas ofreciendo flores de dólar que, de tan bellas, ni tienen nombre ni quizá lo tendrá nunca.

La Habana mira a la noche como a una amante.

XIV

Yo, que sólo consentí al deseo solturas de ala o prosperidad de incendio, ahora busco bajo fiebres la dulce celda de un cuerpo y hasta pretendo que al día suceda otro día idéntico, donde la sangre reitere su agosto y los sentidos sigan ardiendo como las más bravas banderas.

Antes de conocerte, mucho antes de que mañana vinieras, ya anochecía yo viudo de tus miradas, blasfemo viudo del beso.

La nostalgia reserva siempre la misma alcoba, pero también viaja en aviones furtivos y frecuenta los frascos sin perfume. La conozco acechando en las terrazas, bailando sonámbula entre sus sillas, rompiendo, quizá, algún vaso, pidiendo un último whisky con ojeras de ajada lujuria.

Nunca sabré si son antílopes o son princesas las ceñidas sombras que copan quizá al trote las cantinas.

Tampoco acabo de aprenderme los nombres de los ángeles que mueren cada tarde en las peluquerías. Acaso nunca existieron, como esos pétalos nocturnos con los que el viento visita los pasillos más altos de los hospitales.

Sin duda el mar odia hoy, como tú, conmigo, los marchitos domingos y los columpios pares.

La nostalgia también alborota ciertas melenas, jóvenes como manantiales, incluso habla o canta al oído y huye a perderse al fondo de la noche, que respira la transparencia secreta de los acuarios y la influencia funeral de los faros a lo lejos.

Vendrás mañana y mi corazón correrá a tus pies con la fe del fuego.
Vendrás mañana y mi locura llevará tu nombre.

XV

La noche posa en cada hombro sus promiscuas uñas pintadas y los espejos, versados en princesas, despiden a los que dudan entre el ron y el cianuro.

Así tendrá la memoria mitones de diablesa, así también tendrá el recuerdo carmines en sus camisas, así llevará para siempre la vida un entornado trópico de romances sin nombre y adioses vagabundos.

Los poetas y otros forajidos ocupan las mejores mesas y beben champán a la salud del jazz. Sólo algunos saben que se violan cebras de ojos verdes por los baños inencontrables.

Aquí llega aquel cuya vida diera cada noche su mejor isla a cambio de la apacible piratería de los besos.

Contra el amargo amor y la infernal nostalgia, las muchachas clandestinas, las caricias caníbales, los heroicos alcoholes del irse violentamente en cada solitario.

XVI

No quiero otro oficio que éste de acompañar al corazón por malecones de ocaso. Tampoco frecuentaré otro mérito que éste de sentarme con el olvido frente a sagrados mares de amantes.

Las mulatas más bellas del verano llevan en sus bolsos flores lívidas y direcciones que no existen.

Estar triste aquí, a la hora sin furia del atardecer, es un modo de pagar el silencio a los pianistas o mirar a solas el horizonte en el borde de la copa helada de un daiquiri.

El sol fusila cada lunes a un nostálgico.
Las piscinas desiertas transparentan a veces los azules del alma.
Los negros que reman al alba son soberbios como espadas.

Memoria en lo alto, tan madrastra, contesta o muere al fin, a cambio de qué o bajo qué mansa monarquía, sería yo para siempre el que fielmente escolta la ola, que no sufre la usura de los afectos ni el vértigo de la obediencia.

Mirar al mar es otro modo de nombrarte.

XVII

Cómo van quedando, para nadie al fin, contra todo, a orillas de mi vida, las hondas ascuas de ese incendio que unas veces llamamos amor y otras veces llamamos olvido.

Aquí, trópico de los peligros, sagrada Habana sexual, alto caribe de los sentidos, amada isla por la que fui tan joven y seré desventurado. Donde las mulatas, previas al demonio, danzan el guaguancó de su hermosura y nosotros apuramos todas las noches en una misma quemante copa.

Debo de parecer lo más raro del día escribiendo estas páginas siempre al borde de las piscinas más desiertas, enigmático de gafas negras, vicioso en esdrújulas, acaso funeral de vigilias, mientras doradas camareras acarrean la mañana entera en un cesto de frutas y gélidos guardianes de fiereza aplazan el suicidio para horas más inhóspitas, cuando el silencio ocupa las panaderías sin ventanas y al cielo no mira nadie.

El recuerdo es un holocausto de estrellas.
Las jóvenes se adentran en agosto con los glúteos claros como promesas.
La nostalgia corre a devorarnos en lo más tierno con manada de negrura.
Venid, novias del mal, panteras de tanto bolero, a mi salud empapaos el alma del alcohol más violento, y decidme en lo cerrado las palabras de penumbra que sólo descifra un corazón suicida ¿Quién puede desdeñar la suerte de amar un momento, para siempre, a una mujer de la que ignoramos el nombre?

El recuerdo es, sí, un crepúsculo que incendia sobre el Caribe la plateada coreografía de los astros.

Debo de parecer lo más raro o lo más estéril del día o de la noche, con afán de isla o fríos de fantasma, dándome al rito de bordar sílabas cuando el mundo recobra para los enamorados la dimensión de un bolero y la noche desemboca en oscuros lechos donde la cópula tiene vaivén de barca.

Nunca está solo aquél a quien se le añora. Siempre es extranjero aquél que escribe.

Dentro de alcobas prestadas, por chalets de entreluces, en mágica resaca, se despierta a deshoras la rubia droga de los desnudos, y una mala canción romántica suena por pasillos que no dan a ninguna parte, por póstumos pasillos que huelen a bodegas verdes y cloroformos encantados.

Para la memoria del más ardiente se abre de nuevo la flor salobre del sexo y todo amante tiene en las pupilas, siquiera un segundo, esa hondura homicida de los hambrientos animales solitarios.

TE DEBO EL OLVIDO
(1997-1998)

I

Ni libertad espero del recuerdo, ni clemencia.
Tampoco las deseo.
Saqueo sábados, estreno semanas y deshabito meses
bajo la misma astronomía de tu falta,
y no hay luna que suplante a aquella
que se buscaba tu corona, mujer,
Cuando el deseo te subía
Desde lo más hondo a la mirada.
Pues amé, otro fui,
y a su dictado convalezco culpable.
Escribo esclavo de dolientes cielos
y entre verso y verso bebo los avaros vinos del ayer
que por patria el alma quisiera para siempre.
Ni aguardo piedad de la nostalgia, ni la pretendo.
En el privilegio vivo de saberme inconsolable.

II

Nunca tuvieron más alto destino mis días
que añorar en cada muchacha tu perfume,
ni cumplí yo mayor singladura que saber
tigre mi sangre por las alcobas del deseo,
ese combate, esa embriaguez que nos libera
al fin de ser siempre víspera y de ser promesa.
Jamás hubo mejor camino que así extraviarme,
ni me asaltó sueño más dulce que descubrirme
aún despierto, al alba, dando nombre de piélago
a las pecas de tu párvulo cuerpo desnudo.
Cuanto amé lo fecha a diario tu falta.
Preciosos azares perdidos a los que hoy adeudo
el pretenderme en tantos espejos, en cada caricia,
en toda espera.

III

Cuesta una vida creer que sí pronunciaré una tarde,
casi remoto, tu nombre.
Cuesta creer que, una noche, ni lo pronunciaré
siquiera,
Cuando sólo me viene nutriendo el hambre
de verte en sueños,
y la vigilia, por deshoras, tan sólo depara tregua
para más proceloso volver al perdido combate
de anhelarte.
Cuesta aceptar que acaso vendrá, con los días,
el consuelo,
si ya cumplo eternidades maradentro del llanto,
y ningún litoral vislumbro
donde dormir al sol el ciego corazón aciago,
donde no reconocerme heráldica entera
de tanta desventura.

IV

Despido a serpientes con una rosa
y beso en bienvenida a fieras de febriles ojos verdes
que acabarán cumpliendo en mi corazón
el mayor expolio.
Otra suerte no prefiero.
Ignoro de quién seré mañana,
pero tengo noches de creerme un océano
y días de dudar que me llamo Ángel Antonio.
He ahí toda mi riqueza.
Doy rodeos de lobo hasta sitiar la soledad que soy,
y canto para nadie la cruel cordura
de haber amado y no haber muerto.

V

No la nocturna intemperie de la palabra,
que todo lo nubla, no su gastada estrofa,
sino tu perfume en pie contra los fríos,
o bien la desnuda curva de tu cadera al alba,
que tuvo belleza de trofeo dormido fuera del tiempo.
Eso querría, en verdad, por mérito de este cuaderno,
donde el lenguaje equivoca mis lutos
y tu falta mata con voluntad de espada.
No la sílaba, que miente en música,
sino el claro alfabeto de tu cuerpo
en lo negro del domingo o acaso otras sedeñas cosas
dignas del más sentido llanto.
Eso, mi hetaira, por conquista de estas páginas
donde decir, sin letra, que muere el que te quiso
y celebrar que un día fue maravilla el universo.

VI

HA amanecido cinco de diciembre de no importa
qué año,
pero anochece doce de febrero del noventa y seis,
aquel día en que todo amor despertó primicia
en tu boca,
y la mayor dicha entró en el corazón tronando.
De hoy a entonces he conocido el frenesí
el reencuentro,
que nos igual al fuego, y el peligro de la víspera,
esa larga mitad de la vida, y el impredecible paraíso
de la pérdida,
que con la memoria nos devuelvo incluso
lo que nunca tuvimos.
Desde esta hora hasta aquellas sacrales horas
he reaprendido que también en el beso
está su abandono,
y que somos porque lo ignoramos.
Que el mayor fervor reclamará, al cabo,
el mayor olvido.

RESUELTAMENTE daría la dicha
que acaso aún me espera,
por despertar de nuevo amante
junto al don de tu desnudo.
Daría el fervor futuro, créelo, y sus mejores jardines,
a cambio de no importa qué lunes por las lejanías
que alcancé de tu mano,
y renunciaría sin queja a toda la sed aún pendiente
por saciarme una sola tarde
con el embelesado río de tu inocencia.
Daría los mares vividos
e incluso los océanos no soñados todavía,
créeme, por una noche al azar de aquellas tantas
en que feliz fui contigo y no lo supe.

VIII

Lo que tesoro fue devendrá suplicio.
Dolerán más, de entre todos los besos, aquellos que no diste.
De cada cuerpo has partido, con decidir amarlo,
y has vuelto de alcobas donde no dormirás nunca.
De las desconocida que mañana te añore
ya has escrito,
y ayer te esperaba por sorpresa en Madrid
la misma noche que desde hace inviernos
vienes soñando en La Habana.
De cuanto sospecharás, sólo asoma seguro tu nombre.
Nada hay tuyo más allá de lo perdido.

IX

Bien sé que sólo lo amado puede dañarme.
Sí fue, y así será.
Si temblé ante todo mar,
o me estremecí a solas con músicas
que viví abrazado, o frecuenté sin mesura
la drástica maravilla de un desnudo,
lo hice aceptando también el milagro de cada pérdida,
que colma la memoria, esa vasta geografía misteriosa
que nos hace únicos, e innumerables, como el sueño.
Jamás me arrepentí, ni lo haré. Sé, acaso sin ira,
que no es tal el paraíso que no acaba,
y que nada existe si luego no nos ahoga su nostalgia.
Que sólo en ese mal miden los audaces su mérito.

X

Yo soy el que con la noche se encierra
y en el sitiado corazón se busca noticias
de las incontables vidas que lo envejecen
desde siempre, sin saberlo.
Tengo la edad del mar y, como éste,
mi memoria cumple juventud de siglos.
Estoy, incluso, donde nada amé,
y puedo olvidar aquello que no me conoce.
A solas padezco muchedumbres
y lo que por ellas derrocho lo perdí algún día
que aún aguarda, quizá en vano, mi llegada.

He aquí el imperio de mi impar estirpe.
Una rosa marchita, hace años, que sin saberlo
me prodiga el recuerdo de la sagrada muchacha
que me la trajo y, con ella, la nostalgia de otras jóvenes
a cuyas vida adeuda el amor su más dulce memoria.
Una entornada luna, en lo alto, que por igual se ignora
trofeo de todas las noches como corazón de sólo una,
aquella vez en que nos miraron a los ojos
y se acabó el mundo.
Un eterno alfabeto misterioso, que duerme en su entraña
la maravilla de inventar con la sílaba el universo,
y gracias al cual, sin saber nada, todo lo he dicho.

XII

He partido hacia trópicos de cerrada indolencia
Y de valles de lluvioso enigma he vuelto,
pero jamás tuve más hondo viaje que la noche
dentro de estas cuatro paredes,
donde todo soy, porque estoy solo.
Aquí, la memoria reúne todos los mares,
y sus orillas deparan lo que decida un sueño.
Las horas, aquí, tienen vastedad de sospecha,
y el alma palpita como una proa que a su paso
por secretas aguas puede inventar lo que vivimos
o recordar lo mucho que no hemos visto todavía.
No existe era rara costumbre llamada frontera
y el silencio acompaña con milagro de amante.
Aquí, el corazón desprecia la cordura de cualquier mapa
sin importarle a qué debacle o paraíso se convida.

XIII

A menudo cuando por ti preguntan,
respondo como si aún no te hubiera perdido,
y así borro la insospechada noche en que tu boca
diera un último adiós a mi desconsuelo.
De esa ilusión se alegra el paso,
mientras a casa regreso, enamoradamente,
y la mano que busca la llave
no padece la pereza de los solitarios
sino el ansia de hacerse de nuevo
caricia errante por tu cuerpo.
Hasta creo oír, tras la puerta, el alboroto de tu risa
alejando la oscura hermandad de las penitentes cosas solas
que me esperan en silencio.

XIV

Tribu soy de un reino con bandera de derrota
y lloro en las fiestas y en los cementerios canto
y a cada cuerpo me entrego bajo la creciente creencia
de que es su piel vestigio de una mujer
que amaría para siempre y que nunca encuentro.
Tu bien conoces, pasión, mi hechicera,
tan indomable linaje.
Nací gemelo del fuego, y he crecido contra bárbaros vientos
que de norte a sur todo lo sitiaron,
menos el corazón, que excede a los mapas.
Vivo al acecho de la dicha, que jamás llega,
y en la espera desamarro el alma por mares
donde nunca estuve y en cuyas playas habita, sin embargo,
lo mejor de mi recuerdo.
Un sagrado azar me dio la virtud de soñar en verso,
y otro mal, no menos antiguo, sin desmayo me niega
la devastadora visita del olvido,
que al fin nos volvería puros.

Moriré cualquier noche de éstas,
y no me dolerá sino partir sin despedirme
de lo último que me ha querido.
Aquella muchacha, este libro, y tanto invierno.

XV

O dónde, en qué arrabal o martes de reyertas,
la súbita mujer que jamás vi cuya mirada,
entre todas las miradas, dará ruta al largo extravío
del corazón, sin ti el más perdido peregrino.
Y cuándo, bajo qué deshoras o tránsito de tormenta,
el primer beso a solas
y las caricias que lo siguen crecidas,
preludio de unas horas en que todo el cielo
cabe en unos ojos,
y el universo en torno reamanece paraíso.
Dónde, aquella a la que ansiar,
a despecho de tu ausencia.
Esa, al fin, a cuyo desnudo costado dormirse
sospechando que al día siguiente el amor
tendrá su perfume,
que el sueño habrá borrado tu nombre con el suyo.

XVI

CLAUDIA podrías haberte llamado, Adriana o Alba,
y en lugar de contigo cruzarme en un lunes de enero
bien pudieran mis ojos haber hallado los tuyos
en la más silvana muchacha de todos los veranos,
que acaso aún me aguarda. Ya poco importa.
El amor, por el que de nuevo viví,
promovió la memoria que hoy me mata.
En otras horas podrías haber aparecido,
más umbría tal vez, o quizá menos dulce,
y el corazón, ese suicida,
del mismo desatado modo te habría consentido su dueña,
desdeñando por tus caprichos su jactancia.
Fuiste todas un día, y sólo una eres, para siempre,
a la que debo el olvido.
Mejor venganza no me queda. Ni peor infierno.

EN PALACIOS DE LA CULPA
(1986-1988)

I

Con más noche acosaba la nostalgia,
  mientras se iba el recuerdo hasta el rubio brinco
  de tu cuerpo.
En él quiso albedrío el beso,
y el tacto fundó rutas de rey,
y en pugna nupcial se dieron eternidad nuestros
  desnudos.
Y si luego de la maravilla de tu atadura
quise alejarme,
¿por qué a veces creíste que saciada iba la sed de su
  conquista?
A la cordura de demorarse volvió,
al desierto de otros días para a ti tornar interminable.
por más anhelar, con tu ausencia,
sólo tu bienvenida, donde espera oasis y vértigo y
  verano.

El recuerdo tiene usos de arquero,
nunca falla la flecha que inflama las horas que pueblan
lo que de bosque busca este libro.
Y el corazón, tan cómplice, se cumple centinela
de las palabras que dentro llevan la arteria de la
    hoguera.
Pero incluso es entonces cuando también
habla la tempestad que cuidamos,
y de nuevo sacude el sauce de la sangre
hasta reinar adversa en lo alto de la hondura.
Vivimos el anhelo de asilar la almada fiereza
de la llama con el mismo afán que nos mueve
a temerla.
Si con dudar perdemos el edén del infierno,
conténtenos saber que también así ganamos
la certitud de volver a provocarlo.

Fuera, al fin, favor de ese mismo mar, el tiempo,
que nos nombra, arrastrar todo recuerdo a un cerrado
    cofre.
Y así, en lo salobre del silencio para siempre se perdieran
las páginas en cuyos versos vanamente venimos
pregonando nuestra nostalgia.
Y ardiera el corazón solitario en la proa del presente,
mientras el ebrio galeón de otro día reúne primicias
y pesares.
Y más ardiera todavía al conocer, en la cómplice marea,
desuncido el azar de sus medidas,
y sospechar que un convite de infinitos le prepara
el extravío.

Quién, al fin, qué agreste horario al alma le diera
el bosque que a diario intuye,
derrochar en su interior de prodigios
cuanto hoy demora dádiva, óbolo de un tiempo
donde día y noche se suceden
con el mismo séquito de arrullantes astros.
Porque seguimos zurciendo, de la escasez, sus lienzos.
Y si hasta el confín de la liviana tarde
prolongamos sus telas,
no es creyendo pródiga excepción las horas,
sino en la usura de seguir huéspedes
del ornato donde tejemos nuestra queja.
Por olvidar que es siempre la desdicha
quien con la adversa noche busca abrazarnos.

V

Si en verdad por futuro soñamos mejor sitiar
el paraíso del pasado con su pálida opulencia,
¿por qué aún sospechamos ciertas noches
como botín cuyos lujos ninguna secuela asoman
de la sombra que fuimos y aún somos con nuestro acoso?
¿Quién, qué impiedad, o qué pólvora,
al cabo nos diera quizá la ocasión furtiva de saquear
con el presente todo imperio, traidores por fin a la
    memoria,
y aún más a su clemencia, donde un día hundirá su
    bandera
esa otra conquista que por nosotros llamarán olvido?

De la añoranza buscaba librarme
cuando a menudo cerré a sus mañanas mis ojos.
O bien volví a entreabrirlos, también en vano,
si más próxima presentía la isla de una sombra
donde a salvo saberme de la nupcial procela
de cuanto amé viviendo.
Y si ni tampoco el nocturno azar de los licores,
o esa otra embriaguez, la pereza,
pudieron lograrme alivios,
¿cómo negarme a la cordura de acoger despierto mis
    herencias,
al peligro de robar sobre los mismos campos
los desiguales dones de lo dulce y sus lindes, lo adverso?
Tantos son los días a cuya conquista
aún convidados nos retiene el recuerdo.
Tan dócil el corazón se condena
a libertar sus mapas por los lluviosos valles de la memoria.

EL DEMONIO DE LA ANALOGÍA
(1984-1986)

Qué decirle, en qué gravedad el pergamino,
cómo advertir a quien ya todo leyera
sobre el labrado dorso de la noche y sus armas.
Cómo, bajo qué desorden, bajo qué diluvio,
mientras celebra nacer a lo arrullante de la aurora,
y a ella se convida, mitad goce de guardián, mitad ruina
    de reo.
Noviembre es un maltrecho puente que crepita
mientras lleva verdades al invierno.
Cómo, qué cantar de la noche y su vano santuario,
la sombra.
Mientras los metales de oro día se empañan como adioses,
qué decir, de qué prevenir a aquel.
Si desecha los seguros rumbos, y del poema se repite:
«Cuídate, amor, de la hora en que no estimes
como el mayor imperio una fragancia».

En soledad sobrante, por templos desplomados,
el alba me vio reuniendo oscuros licores
de una no menos oscura tierra
donde para mi locura vendimia la sumisión de la memoria.
A desertar de su ahogo llegaban las negruras
mientras aún iba yo entregado a cerrar en pulidas páginas
cuanto sé de aquel sabor salvaje, del arrullo y el aullido,
del olvido y su diablo, de estos muros míos.
¿Fue, por más intenso, más compasivo, aquel tiempo,
aquel silencio en su condena?
Y si es así, ¿yerro llamando alivio a aceptar
mi sed, y mi herida, incurables para siempre?

III

Sólo, amor, en el mapa de nuestras anudadas sombras
celebré verme cautivo,
huérfano de otra opulencia en cuya conquista dispuse,
incansable, tanto celo, como descuido pretendo ahora
por fundar en lo ferviente de tu abrazo mis fronteras.
Pues si de ti a veces, hermana de lluvioso sueño,
me alejó la vigilia,
y dócil en su clima me detuve,
¿no fue para así acercarme todavía más sediento
a los nupciales horizontes de tu acogida?

IV

Y si más obstinada otra memoria lograse mentir
desde lo fluvial de mi verso otros versos,
¿creeré yo, al escucharlos, que otro sí fui, nombres
de varios resplandores que aún no existen?
¿será entonces otra mi infancia, sólo bucle
de la piedra insomne,
y no aquella, siempre pórtico, víspera de un estío
sin pretiles?
Y los rostros que vengo amando,
¿los habrá cubierto, insalvables,
ese más espeso velo del olvido?

V

Pasa una tarde, y mueren dos tardes más, parejas
como tridentes,
y el cielo es heraldo de la blancura de una sola ala,
y a mí no me frecuenta un sueño que mis primeros sueños
dejaran ajeno a sus cánticos,
ni cuerpo en cuyo abrazo me asalte febrícula distinta
a la que antaño me convidaba la primera muchacha.
Sé que el tiempo lleva impiedad cambiante,
pero no me conmueve mirar las nuevas nubes
que se deshojan,
ni vivo otro estremecimiento que no anide en el recuerdo.
Padezco el demonio de la analogía, nunca durmiente,
vínculo de los cielos invisibles y los instintos sepultados,
y con él comparto crepúsculos, y sospechas, y palacios.
Porque conozco los equívocos jardines del olvido,
voy a la sombra donde se yace descuidadamente alerta,
y en cada fruto que mato resucito el sabor del pasado
que me aguarda.

¿Cómo, si no, capaz me veo de augurar
en lo voluble de la hoguera un rostro,
y en la piedra sucesiva un mensaje
de venideros fríos sin ausentar la víspera?

Por horarios entornados a lo secreto de tantas alcobas
hasta mí acudías,
y ahí la fiebre del amor suspendía el mundo,
y la prisa, y el propósito, y el quebranto.
Así fuimos obra del ebrio oxígeno del exceso.
Así tuvimos la púrpura donde muere el tiempo.
Mas escúchame, y detente, detén el celeste delirio.
Concédeme la feliz demora. Que al alejarte
gozar pueda yo de tu falta más íntimo asedio.
El infinito de tus visitas traiga también la ventura
de no aguardarlas.

Mas también el sábado, a cuyo valle
las palabras llegan resonando penúltimas
como metales de siglos,
preludio es, pálida evidencia del amor
en la más alejada almena,
donde ni ecos ni ala ni músicas constelan los encuentros.
Sueño de la sufriente albura, aurora del canto,
llamadme eclipse, o confín, o naufragio,
donde en verdad fuera embeleso, frenesí, río.
Y aunque pródigas las horas porfíen pensando
hallarme a vuestra ley allegado todavía,
que de la más cerrada noche de otro cuerpo
yo amanecer no sepa.

VIII

ACERCÁNDONOS, últimos, al fatuo puente del silencio,
¿recodaremos lejanos, e incluso ajenos, cuantos pasos,
hasta entonces, regencia eran del eco en sus estelas?
¿A qué cordura, a qué trampas de la galante cordura
accedo ahora temiendo un día de hostiles aires
y amores vanos,
cuando sus cenizas nos presidan casa y canto,
la tímida calamidad de ir viviendo?
¿No diríamos triunfo ser llama todavía, lealtad
del fuego, senderos?
¿No lo es, acaso, nuestra sangre, que de la pugna vive,
y en cuyos mapas todavía cantan las nieves pérdidas
y espesura,
remotos mestizajes, la equidad de la locura,
diosa del domingo, imán del presente?

Desde que antiguas noches en mí vivieron,
raras dádivas de un mar cuya abundancia
aún hoy me está vedada,
son mis ojos los ojos de quien más cómplice
convalece y escucha.
Sin descuido espero ocupando el podio
que a mi culpa proponen las negruras.
Ahí barajo la infinitud de las palabras
por servirme de aquellas que digan
lo que no saben que sí dicen.
Ahí me sorprende el brumoso bajel del alba,
rogando qué respuesta piedra insomne,
siendo mi voz la isla extrema que me habita.

¿Quién, si el crepúsculo en su fulgor le acerca una corona,
y así le invita a visitar una opulencia de infinito,
no verá en el momento el mejor reinado,
y a lo largo del sendero la herencia de sus sueños?
A cambio de esos climas, goce del rey
que el estío fuera entre las yedras,
¿quién diría condena arrojar a lo más profundo
de las aguas la llave más querida?

XI

Y antes de que parta para siempre a un horizonte
de fatales aguas,
¿me será concedido, póstumo pasado, estéril rodeo,
ver, tasar incluso, los aún fáciles frutos
que son mi ausencia?
Ella, la asediante, la luctuosa, adiós del frío,
cuando en la colcha de postreros calendarios
nuestro único abrazo se cumpla,
¿habrá llamado al sumiso que así entonces la obedece
y calla,
o a aquel cuyo paso en traicionar todo mapa se complacía?

XII

No dudo haber fechado ya este día
en cierta espalda del mármol insomne.
Párpado de entreabierta fronda son ahora los jardines.
Bien recuerdo asomarme a esta misma lluvia
hasta hallar, en cada charco, mi turbio rostro cautivo.
Hoy sé que repiten las brisas ajada gala en los aleros,
cómo a menudo siguió mi oído idéntico arrullo
entre dos sauces de algún sueño.
¿Qué espero, pues, tardío y débil?
Mientras incontables se repiten las horas
en sus músicas,
¿qué me aguarda sino entregar la fatiga
al despierto lobo del olvido?

ÍNDICE

EL PIANO DEL PIRÓMANO
(2012-2014)

LOS MOTIVOS DEL SALVAJE
(2006-2010)

DONDE LAS DIABLAS BAILAN BOLEROS
(2000-2002)

TE DEBO EL OLVIDO

(1997-1998)

EN PALACIOS DE LA CULPA
(1986-1988)

EL DEMONIO DE LA ANALOGÍA
(1984-1986)

Oler a loco,
antología poética de
Ángel Antonio Herrera,
se terminó de imprimir
el 9 de febrero de 2026